Rolf Friedrich Schuett

Zwergrätsel, Satiren und Zwickmühlen

Auswahl von Aphorismen

ROLF FRIEDRICH SCHUETT

Zwergrätsel, Satiren und Zwickmühlen

Auswahl von Aphorismen

Books on Demand

Bibliographische Information Der Deutschen Bibliothek:
Die Deutsche Bibliothek verzeichnet diese Publikation in
der Deutschen Nationalbibliographie; detaillierte bibliographische Daten sind im Internet abrufbar über
http://dnb.ddb.de

Copyright © 2017 Rolf Friedrich Schuett

Herstellung und Verlag :

BoD – Books on Demand, Norderstedt

Gedruckt auf alterungsbeständigem Papier
(holz- und säurefrei)

Umschlaggestaltung : E. L. Schmidt

Printed in Germany

ISBN 978-3-7431-4341-8

Eine Auswahl aus mehreren Aphorismenbänden
des Autors als Leseprobe

„Der Spruch ist nicht Literatur am Rande des Schweigens ... Der Verfasser versucht sich vielmehr als Dompteur eines vielfältigen und heimtückischen geselligen Geredes, dessen Widerhall seine Einsamkeit zerreißt und das er apodiktisch zum Verstummen bringen möchte." (*Botho Strauß*: „Der Aufenthalt", München 2009, S. 240)

für meine Eltern

„Leben heißt denken."
(Friedrich der Große)

Schlafmützen nennen uns Träumer.

Zuschauer und Betrachter sind oft sehenswürdiger
als ihre Objekte.

Selbstbeherrschung verletzt die Menschenrechte.

Fortschritt ist schon,
wenn keiner ganz nach dem andern kommt.

Der Weise zertrümmert seinen Stein zu Sand
im Getriebe und steckt den Kopf in diesen Sand.

Ich komme selten zu mir und gehe kaum in mich.
Was soll ich dort auch?

Den leeren Köpfen ist schon alles in Fleisch und Blut
übergegangen.

Jeder tut seit Darwin alles Affenmögliche, um ein
Mensch zu sein, der sich nicht zum Affen macht.

Geist ist, wenn der Kopf über die eigene Leiche geht.

Einige können etwas schaffen,
andere müssen dafür schuften.

Gehe ich mal aus mir heraus,
gehen alle sicher gerade in sich.

Wieviel Unordnung ist noch in Ordnung?

Wollt ihr lieber den totalen Arbeitsfrieden?

Physiker duzen schon die Atome
und Astronomen die Sterne.

Persönliche Originalität wurde zum Massenwahn.

So wenig wie ein Aphorismus kann immer noch
zu viel Geschwätz sein.

Dass gute Praktiker gleich ranmüssen,
ist eine schlechtere Theorie.

Ist dein Gesichtskreis viel größer als dein Schädel?

Hemmungen und ein schlechtes Gewissen zählen nun
zu den Autoaggressionskrankheiten.

Man kriegt in *der* Schule so wenig mit
wie in *die* Schule

Reines Gewissen ist so schlecht,
wie eingeschenkter reiner Wein schmeckt.

Auf abstrakten Bildern macht keiner eine gute Figur.

Kant sah der Mutter Natur direkt in sein Auge.

Wer das Ziel hinter sich hat, hat das Ende vor sich.

Stünde die Zeit mal einen Moment still,
ginge sie vielleicht nie wieder weiter.

Wer nie Zeit hat, lebt noch nicht in der Ewigkeit.

Der stumme Eigenbrötler nimmt nur seine Rede- und Versammlungsfreiheit in Anspruch.

Das Beste an der Vergangenheit ist, dass sie nie wiederkommt, das Schlimmste an der Zukunft, dass sie mal kommen wird.

Weißes Loch. Evolution war der Dienstweg vom Urknall im Nichts zu seiner Simulation am CERN.

Wer sein Haupt zu Markte tragen kann, gilt als klug.

Erst schaute, dann haute Luther dem Volk aufs Maul.

Manches Schweigen ist zu weitschweifig,
und mancher redet sich taubstumm.

„Apokalypse", zu Deutsch : Aufklärung.

Materialismus hat meist nur Menschenmaterial.

Gefühle sind von morgen, Gedanken von gestern,
Gewalt ist immer von heute.

Revolutionen verändern eher die Vergangenheit.

Nur Selbstbeherrschung hat nichtautoritäre Autorität.

Das Abenteuer des guten Menschen macht das Laster
zum langweiligsten Paradies.

Lügen müssen plausibel wirken, Wahrheiten paradox.

Moral würde zum Kinderspiel,
würde sie als Teufelei betrieben.

Abbreviaturen : *Systematische Aphorismen*

Menschenrechte bedeuten Krieg.

Man hilft Bettlern, doch nicht beim Aufstand.

Mancher hat kein Talent, seins zu zeigen.

Demenz? Das Kind vergisst,
woran der Greis sich erinnert.

Ein Verständnis neigt zum Einverständnis.

Gruppen und Truppen bilden sich immer origineller,
Individualisten immer massenhafter.

Mach kein Buch aus dem Aphorismus,
der dir nicht einfällt.

Die Evolutionstheorie lässt sich nicht korrigieren von
Menschen, die nur von ihr aus gesehen werden.

Die Existenz überlassen Götter ihren Geschöpfen.

Die Sprache verschlägt uns oft die Sache.

Reiche kleiden sich gern in feinstes Hungertuch.

Gibt es kein arbeitstreues und mußescheues Gesindel?

Literatur ist der Versuch, den Mund des Lesers so lange wie möglich zu halten.

Noch kürzer und treffender als Aphorismen ist nur ein Machtwort. (Gibt es dafür Kleinkunstwettbewerbe?)

Clowns nehmen überhand. Verschärft sich die Lage?

Ich will meinen, nicht freien Willen.

Der antiautoritäre Adorno war für die Studenten eine Autorität. Das brach ihm zu früh das Herz.

Was Gott geschieden hat, will Satan vereinen.

Auch ein Kant rechnete mit Menschen : Sein Verstand integriert, was seine Sinne differenzieren.

Wer kein wilder Häuptling sein darf,
will wenigstens einen milden Chef haben.

I T : Kommunikationstechnik der Autisten.

Scharfsinn entwickelte die *Smartphones*,
und Stumpfsinn benutzt sie.

Die Welt, die deinen Selbstmord erlaubt,
wird ihn bald von dir fordern.

Wenn Vater Staat nicht herrscht, dann herrscht nicht
markige Freiheit, sondern freier Markt.

Ist gesund genug, um frei zu entscheiden, wer krank
genug ist, um sich töten (lassen) zu dürfen?

Man muss keinen Alzheimer haben, um zu vergessen,
dass man auch in der Jugend vergesslich war.

Der Wille ist schon unfrei? Der Unwille ist noch frei.

Sehn-Sucht. Das Kapital verhält sich zur Arbeit
wie der freie Unternehmer zum unfreien Junkie.

Demokratien überleben, weil zu viele die öffentliche
Rede- und Versammlungsfreiheit nicht nutzen.

Es kann Spaß machen, alles zu bekämpfen,
was Spaß macht.

„Die Dichter lügen zu viel", schrieb der Dichter Plato.

Mann und Frau machen sich frei –
erst voreinander, dann voneinander.

Die meisten leben in Demokratien schon freiwillig so,
wie sie in Diktaturen leben müssten.

Dass jeder Mensch sterblich ist, scheint unsterblich.

Schüler fällen im anti-autoritären Lehrer die Autorität.

Wer eine Gabe hat, ist wohlhabend und gibt gern.

Der kleine Unterschied verbindet uns mehr
als die große Gleichheit.

Phantasielosen dünkt Vernunft etwas Phantastisches.

Man kommt zu Geld und zu Ehren oder zur Sache.

Wer Wahrheit will, braucht keine eigene Meinung.

Lektüre macht geistige Armut erträglicher.

Das einzig Wahre liegt niemals in der Mitte
zwischen richtig und falsch.

Heute darf jeder alles. Also muss es unwichtig sein.

Heute ist man gewissenhaft und ernsthaft lebenslustig.

Güte ist ein verzweifelter Versuch, ohne Menschenkenntnis durchzukommen.

Unhöflichkeit und Unfreundlichkeit gelten nun schon für Aufrichtigkeit.

Kunst ist die Kunst, mit Höchstqualität durchzufallen.

Wer sein Herz verliert, gewinnt noch keinen Kopf u.u.

Fotos entstellen mehr, als Gemälde schmeichelten,

Die Welt ist Gottes luxuriöser Trick,
aus dem Nichts ein neues zu machen.

Zu einer glücklichen Liebe passt oft nur einer allein.

Nur mühseligstes Schuften erspart freies Denken.

„Geistige Freiheit" verkam zum trotzigen Recht, eine eigene Meinung zu vertreten, die seit Jahrtausenden schlüssig widerlegt ist.

Schuldsprüche, Schiedssprüche, Wahlsprüche

Wahrheit ist der einzige Besitz, der keine Tür öffnet.

Das Bild einer Rose verdorrt nur nicht gleichzeitig.

Willst du etwas loswerden, verkauf es als Opfer.

Mancher lebt gar nicht. Er übt das Leben aus.

Ein Weltbild ist auch nicht größer als ein Standpunkt.

Jeder hat was zu sagen, und sei es nur die Unwahrheit.

Ein Mensch vereinigt in sich meist nur die Weisheit
des Babys mit der Rosigkeit des Greises.

Jeder trägt die Verantwortung für die Welt –
zum Übernehmer.

Es irrt der Mensch, so lang er lebt,
darüber, was Irrtum und irre ist.

Wer keinen Krach zusammen macht,
hat bald Krach miteinander.

Kunst : Kühne Eroberung neuer Fluchtwege.

Ich bin nicht käuflich. Meine Bücher gehen schlecht.

Das Herz ist eine Kopfgeburt,
der Kopf ein Herzenswunsch.

Jeder kann nun tun und lassen, was er will. Ob er will
oder nicht. Ich wollte, ich könnte richtig wollen.

Bloß keine bessere Welt!
Die hätte keinen Platz für mich.

Keiner will die Wahrheit wissen.
Sie trägt keinen Stempel „Streng vertraulich".

Der Abgrund zwischen Wort und Tat schrumpft
zum Haarriss zwischen Gerede und Getue.

Es gibt mehr verkannte Trottel als anerkannte Genies.

Ich will leben, um zu altern, und alt werden,
um kein Kindskopf zu bleiben.

In ein reiches Naturtalent oder in eine reiche Familie
hineingeboren zu sein, ist gleich ungerecht – gegen-
über den Armen im Geiste wie im Beutel.

Er singt schlecht, kastriert ihn!
Rohkost auf Kosten von Unkosten

„Nur für Erwachsene!" (Nur für alte Kindsköpfe).

Vorschrift : Wissenschaftliche Geistesblitzableiter gehören auf alle Gedankengebäude!

Du folgst stets nur deiner eigenen Natur, du Sklave?

Zensur findet statt in Blickwinkel und Beleuchtung.

Bibliopolis. Bücher kamen kurz zwischen Höhlenfels-
bildern und Fernsehbildern.

Man lebt, weil man *richtig* stirbt,
und stirbt, weil man *nichtig* lebte.

Der Druck der Wirklichkeit presst den Geist
zu Aphorismen zusammen

Ein Sklave der Geliebten wird der Gesellschaft Herr.

Der Böse wird glücklich, wenn ihm alles glückt,
der Gute nur, wenn Gott existiert.

Aphorismen : Rätselhafte Zwerg-Satiren

Reframing. Sich bessern ist beten ohne Betteln.

Der Orient wählt noch keinen Chef auf Zeit,
der Westen keinen Gott auf ewig mehr.

Religionsfreiheit ist hier längst frei von Religion.

Ein Aphorismus ist ein ganzes Streitgespräch
in *einem* Schlußsatz.

Es zählte immer zur Realität, unwirklich,
und zur Fiktion, real zu wirken.

Wie gut siehst du, wie schlecht du siehst?

Kränkelnde Arbeitstiere halten den ganzen Betrieb
auf, reibungslos funktionierende sind geisteskrank.

Das Finsterste an der Aufklärung ist,
dass sie sich zu Tode gesiegt hat.

Dummheiten zu machen, macht nicht wieder jung,
doch Gescheites zu sagen, noch nicht gescheitert.

Was sich nicht gehört, gehört anderen.

„Leben wie ein Bürger, denken wie ein Halbgott"?

Glücklich werden kannst du mit jedem,
von dem du nichts (mehr) wissen willst.

Arbeitstiere sind die zahmsten Haustiere
der Menschenzüchter.

Ist der Sinn des Lebens das nächste?
Lass dich leben und dann dein Leben.

Widerspricht man uns nicht, spricht das gegen uns.

Kannst du keine Autorität sein, werde ein Autor.

Gödel. Es lässt sich gar nicht widerlegen, dass sich nicht alles Falsche widerlegen lässt.

Den Optimisten und Pessimisten
wird Schwarzweißmalerei schon zu bunt.

Jugend ist tot, die nicht mehr als die Erfahrungen
der Alten vor sich hat.

Die meisten Sterbenden verlieren nur ihr Bewusstsein,
zu dem sie nie gekommen sind.

Fester Boden (ent)täuscht nicht; er wird wanken.

Sei melancholisch, um nicht depressiv zu werden!

Jedes *Ding* hat *an sich* seine zwei Kehrseiten.

Welche höchste Hürde nimmt alle Hürden?

Kunstwerke wirken gegen unsere Künstlichkeit.

Lass die Finger von dem, was du erfassen willst.

Gute Begabung gilt oft als schlechtes Benehmen.

Über Ungeborene wird so bestimmt
wie über Gestorbene.

Die Dinge behaupten sich gegen unsere
Behauptungen wie Menschen gegen Enthauptungen.

Fortschritt ist die Evolution der Evolution.

Wer kann seit Freud noch eigene Gedanken lesen?

Unglückliche Liebe wird die glücklichste Ehe.

Mit Reichtum wüssten nur Geistreiche
etwas anzufangen

Gebildet ist, wer mehr wissen wollte,
als wie man Geld und Prestige verdient.

Stößt die Realität der Ideen
nur an Ideen der Realität?

Der Zeitgeist betrügt das einzig *Wahre* mit eigener
Meinung, das *Gute* mit Vergütungen, das *Schöne*
mit der Färberei und das *Heilige* mit der Diva.

Der eine Mund isst mehr, als zwei Augen sehen, und
das eine Hirn begreift mehr, als zwei Hände greifen?

Alte werden nicht wieder kindisch,
sondern am ältesten werden ewige Kindsköpfe.

Bauern und Bürger schuften, bis sie nur noch so
wenig zu tun haben wie Nomaden schon immer.

Kunst bringt die Wildnis in ein Bildnis,
Kultur dann dies Bildnis in die Wildnis.

„Es ist alles ganz anders, als man denkt", denke ich.
(Also ist alles wirklich so, wie ich denke?)

Ellipsen-Thesaurus : Miniaturengebirge

Lebensläufe rennen Gedankengängen meist davon.

Meine Treue ist nur Strafe für deine Untreue.

Von Gemeinschaften kommen Behandlungen und Verhandlungen, vom Individuum Abhandlungen.

Nur Entfallenes fällt uns ein.

Familienmitglieder sind inzwischen weniger voneinander als von der Gesellschaft abhängig.

Monarchie : Rechtsstaat ohne Demokratie.
Diktatur : Volksdemokratie ohne Rechtsstaat.

Der Orgasmus ist die beste Maske des Todes.

Geist ist ebenso Kulturkapital
wie Gold eine spirituelle Macht.

Hochkultur widerlegt Kultivierte, Kunst geißelt Kenner, und Philosophie düpiert Nachdenkliche.

Wachs in den Händen wächst nicht.

Weltbild, Wunschbild, Schreckbild, Zerrbild

Der beste Teil des großen Ganzen ist sein Gegenteil
und das Ganze auch nur Teil seiner möglichen Teile.

Mein Anteil an der Welt war nur ein Vor(ur)teil.

Du bist ganz unter Menschen oder „Untermensch".

Der Hirte flucht dem Bauer,
das Lamm segnet den Pastor.

Schlechtem Gewissen ist nicht gleich gute Besserung
zu wünschen.

Schlösser waren Monarchitekturen.

Gegen jede Meute ist zu meutern.

Was sinnvoll passiert, passiert die sechs Sinne.

Das Verrückte an der Normalität ist,
dass sie Normen missachtet wie der Wahnsinn.

Das unheimlichste Vaterland schließt dich ein
ausschließlich mit Einheimischen.

Ein Buch sollte schwerer sein als Kopf und Herz.

Ein Chaot hasst und fürchtet das Nachbarchaos.

Die Bibel ist der Beipackzettel der Schöpfung –
mit Dosierungsanleitungen und Nebenwirkungen.

Fortschritt : Erst die Technik, dann das Schuften!

Neues Testament, ein unerlöstes Kreuzworträtsel.

Das Gute ist ein Verbrechen an besseren Kreisen
wie der Teufel ein Engel für schlechte Gesellschaft.

Bürger versichern sich gegen nomadisches Glück.

Kunst übersetzt die Rhetorik der Natur
in die Muttersprache der Notlüge.

„Geschenktem Gaul schaut man nicht ins Maul."
Die Eltern schenkten uns das Leben.

Die Evolution erfand das Genie, das Lösungen und
Auswege erfindet, die sie kollektiv sonst nie findet.

Auch Selbstgespräche bitte nur am Flatrate-Handy!

Das große Ganze ist nirgendwo besser aufgehoben
als in einem Schlusspunkt, und Aphoristiker fliehen
in schnellen Sätzen vor Kopfjägern.

Volle Tasche dämpft Todesangst heute besser
als leere Kirche.

Dialektik heißt nicht, dass sich gegensätzliche Ansichten zu grundsätzlicher Einsicht neutralisieren.

Religion ist Glaube, dass ein Verlust
keine Niederlage ist und ein Gewinn kein Sieg.

Der Autor der Bibel hatte weder Musen vorher
noch Nobelpreise nachher.

Nomaden suchen den Weideplatz an der Sonne,
Bürger den Sesselplatz an der Heizung.

Die Bibel ist die Gebrauchsanleitung der Schöpfung –
damit Verbraucher am Produkt nur Freude haben.

Wer immer selber tun und machen muss,
gilt als freier Mann.

Der Tod des Individuums vollzieht sich heute auch
durch Individualismus und Individualisierung.

Das Leben geht weiter. Das Sterben noch weiter.
Tötet der Mensch auch, um sein Sterben zu üben?

Ganz Aufgeklärte nennen das Licht der Vernunft
eine optische Täuschung.

Freie Verbraucher kaufen Zwangsvorstellungen.

Man liebt Gott nicht mehr, seit man nur noch glaubt,
dass er Arme und Defekte liebt.

Weisheit ist nicht mehr Entschädigung fürs Sterben.

Gedanken sind so gedankenlos, dass sie die Mehrheit
erobern wollen, gegen die sie entstanden sind.

Mutter Natur gesteht unterm Verhör nassforscher
Forscher, was immer sie hören wollen.

Nichts Neues unter der Sonne als Fusionsreaktoren.

Hirnforschung ist der Wahn, dass das Weltall mehr
unter eine Schädeldecke passt als ein Kopf ins All.

Zum Glück ist meine Welt größer als mein Körper
und mein Weltall größer als eure Umwelt.

„Kürze sagt wenig, aber mehr." *(Billy)*

Das Denken kommt zum Stillstand bei Dummheit
wie bei Erkenntnis.

Die Natur mag ein Buch sein, doch sie liest in uns.

Liebe deine Todfeinde, das Wahre, Gute, Schöne.

Revolution ist nötig, damit alles anders wird als du.

Lesenswertes darf nicht lebenswerter sein als
ein zweifelhaftes Individuum gesellschaftsfähig.

Kunst entsteht, wenn missglückte Werke Glück haben. Im Kitsch wird das Gelingen zum Missraten.

Wachs auf unter alten Bäumen
und stirb unter jungem Gemüse.

Der Aphoristiker sagt ein letztes Wort
nach dem andern.

Seid nicht so brav, sonst gibt es noch Krieg!

Die Unterschrift jedes Artikels ist seine Überschrift.

Schräge Fehlzündungen

Meinungsfreiheit ist für alle, die nichts lernen wollen.

Utopien: Fabriken werden Fitnesscenter für die Mitte, Bibliotheken aber Wellnesscenter für Unterschichten.

Menschenspringfluten in den Hütten
sind Menschensintfluten gegen Paläste.

Ist Realitätsgefühl ein Gleichgewicht
von Halluzinationen und Deshalluzinationen?

Man soll sich auch kein X für ein X vormachen
lassen, und wer A sagt, muss nicht A meinen.

Man glaubt drei Mündern mehr als einem Auge.

Geteilte Meinung ist halbe Deinung.

Die Seele ist nicht der Innenarchitekt der Gedankengebäude.

Der Unfreie schmeichelt sich damit, was er in Freiheit alles könnte. Der Freie hat diese Ausrede nicht.

Der Nimmerhungrige ist der wahre Nimmersatt.

„Die kurzen Wörter sind die schwierigsten."

Talentlosigkeit ist die Gabe,
sich trotzdem für fähiger zu halten.

Menschen schaffen Worte, um die Welt zu erfassen;
der Ewige erschafft Welten, die Sein Wort erfassen.

Der Angsthase flieht so weit,
bis er sich einen Löwen dünkt.

Ein Leben verläuft so planlos, als wäre das geplant.

Mir zu geben, sollte dir mehr geben als nehmen.

Zusammenarbeit in einem Werk
ersetzt keine Arbeit an einem Werk.

In der Masse geht man nicht auf wie die Sonne,
eine Blume, Rechnung oder Tür.

Im Allgemeinen stimmt fast alles,
im Einzelfall fast gar nichts.

Heute wirken Gene veränderbarer als Gesellschaften.

Als Natriumchlorid ist Salz noch nicht verschwunden.

Einst war Handeln brauchbar und Grübeln unnütz.
Nun werden die Theorien praktikabel und große Taten
immer theoretischer.

Sperrt alle ein, die euch ausschließen wollen,
und sperrt aus, die euch einschließen können.

Vulgär ist nur eines nicht, das gemeine Volk.

Die Erde ist nie von Menschen übervölkert, sondern
immer von Bakterien, Unmenschen und Undingen.

Kann man willenlos oder unwillig sein wollen?

Die wichtigsten Dinge auf der Welt sind die idealen,
die es dort nicht gibt.

Je besser Eva verdient, desto höher will sie heiraten,
und liebt nur den Millionär, der die Teller wäscht.

Ich kann nicht tun, was ich will,
aber nur wollen, was ich bin.

Eher wird Realismus zum Ideal als ein Ideal realisiert.

Höhlenmalerei war schon die dekadente Verfeinerung
unserer Primitiven heute.

Die *Physik* könnte den Wert haben, ein Leben zu erleichtern, das sich der *Metaphysik* widmet, die dem Leben wieder Gewicht gibt.

Christen waren Sklaven, die Sklaven befreiten. Nur Sklavenhalter sprechen Abtreiber frei.

Wer sich Stärken einbildet,
lässt sich Schwächen durchgehen.

Amoral, die so viel Mühe macht wie Moral,
wird genauso umgangen.

Jeder wird ein Gefangener seiner uneinnehmbarsten Festung.

Ein schmaler Abgrund lässt sich überbrücken
oder überspringen, aber kein endloser Abstand.

Man muss sich dumm genug fühlen, um lernen zu wollen, und zugleich klug genug, um lernen zu können.

Objektivität und Ignoranz verdanken sich
derselben Distanz zur Welt.

Zum Ursprung zurück kann unser Leben nur,
wo es Ursprung neuen Lebens wird.

Die Welt rennt vor Religion weg, die ihr hinterher rennt.

Zu viel Literatur wird von ihren Gegnern geschrieben.

Die zweite Schandtat fällt leicht,
die zweite Wohltat schon schwerer.

Die Welträtsel löst nur, wer sie gar nicht kennt.

Ob man einen Menschen liebt oder hasst,
man liebt seine Schwächen.

Ewiges gibt es, weil die Weltgeschichte nur von außen
zu bewegen ist.

Jeder versteht Mutter Natur,
bevor Physiker sie ihm erklären.

Wer sich nicht hinrichten lässt, lässt sich abrichten.

Das Universum kennt keine Universalien,
die Gesellschaft keine Individuen.

Wahr ist nur die Generalisierung, daß keine wahr ist?

Materielle Sucht kompensiert oft religiöse Sehnsucht.

Meine Freiheit ist der Zwang,
sie durch deine zu begrenzen.

Der Reiche denkt nicht an das Gute, das er tun könnte,
der Arme aber an das viele Böse, das er nicht tun kann.

Welcher Mensch ist nur ein arithmetisches Mittel
aus Übermensch und Untermensch?

Klio, die Muse der Geschichtsschreiber, würde nie
auf das kommen, was Menschen so planen — u. u.

Was determiniert (oder befreit) jemanden dazu,
Determinismus oder Willensfreiheit anzunehmen?

Aus Philosophie entstand Soziologie, als die Einzelnen vergingen, und Psychologie, als deren Einheit zerging.

An Hildegard von Bingen interessiert gerade noch ihr
Kräuterbuch.

Haben Bessere und Größere ein Recht auf Gleichheit?

Wer macht die Natur nicht kulturgetreu nach?

Dass Vernunft mal Triebe steuert, gilt als triebgesteuert.

Der Mensch ist mehr als das Tier durch die Erkenntnis, nicht viel mehr zu sein.

Unteres und Niederes, das allem Hohen und Hehren zu Grunde liegt, kommt auch vom Allerhöchsten.

Nicht mehr Verpöntes wird gleich bei Strafe befohlen.

Philosophen denken und Dirnen lieben um Geld.

Der Praktiker macht sich zum Opfer der Theorien, die er nicht kennt.

Gegensätze ziehen sich an. Nach der Vereinigung stoßen sie sich ab.

Das Patriarchat bekämpft nur Mamakinder.

Mancher fühlt sich den Großen schon verwandt, weil er nur ihre kleinen Schwächen teilt.

Seit Karl Marx sind Proletariermassen zu Kleinbürgerschichten glänzend verelendet.

Außenwelt und Innenleben unterscheidet man erst, seit Natur- und Kulturwissenschaften sich getrennt haben.

Der Kluge weiß, wer der Dumme ist; der Dumme weiß nicht, wer nicht dumm ist.

Bevor Industrie demokratisiert wird, ist die Demokratie längst automatisiert.

Um nicht mehr von Schuld und Sühne sprechen zu müssen, reden wir gern von Ursache und Wirkung.

Demokratie ist umso hochwertiger, je minderwertiger ihre Wähler und Gewählten wirken.

Abstrakte Kunst ist mir zu privat, nicht zu hoch.

"Gott ist tot, und den Teufel gibt es nicht", sagt dieser.

Mich zu überzeugen heißt,
mir meine Ansichten zu beweisen.

Dogmen sind toleranter gegen abweichende Gedanken als gegen windelweiche Gedankenlosigkeit.

Dem Mächtigen neidet man Schandtaten, die er begeht, nicht die Wohltaten, die er vollbringen könnte.

Menschenfischer fangen nun mit sozialen Netzen (auf).

Ideen müssen sich vor keinem Menschen verantworten, der sich vor ihnen zu verantworten hat.

Industrialismus gilt als technische Imitation der Zukunft und fortschrittlichste Erfindung der Tradition.

Gemeinschaft wird meistens von wenigen Einzelnen gebührenpflichtig veranstaltet.

Früh krümmt sich, was kein Rückgrat werden will.

Im Materialismus wirken unsere Klamotten freier und beseelter als wir selber im Idealismus.

Wer das Böse bekämpft, wird zum Teufel.
Wer es nicht bekämpft, geht zum Teufel.

Durch welche und gegen welche Normen
wird man normal?

Älter werden heißt,
immer mehr Sprichwörter bestätigt zu finden.

Ewigkeit besteht nicht aus unendlich vielen Zeitpunkten, die Zeit aber aus endlich vielen Ewigkeiten.

Liebe deine Feinde – aber erst nach der Niederlage.

Die Kosten des Kapitalismus hindern, jene Kosten
des Industrialismus zu sehen, die er mit Sozialismus
teilt.

Machen Besserungsanstalten Anstalten,
sich mal zu bessern?

Riesenkatastrophen sind für so manche Zwerge auch
Genugtuungen.

Man verachtet, wen man belügt, und betrügt,
wen man verachtet.

Zivilisation ist voller Chaos und Chaoten,
die Wildnis voller *law and order*.

Wer nicht den gläsernen Bürger will,
fordere nicht den gläsernen Staat.

Kinder wollen groß werden, so groß wie Alte,
die wieder kindisch werden.

Das Genie erreicht als erster ein Ziel,
das später mal alle hinter sich lassen werden.

Alle Revolutionen wollten Befreiung
von unrentableren Formen der Ausbeutung.

Als der mittelalterliche Mensch noch im Mittelpunkt des Alls stand, sah er sich als Nichts vor seinem Schöpfer. Seit er sich nur noch als Staubkorn im Unendlichen weiß, fühlt er sich als Herr der Natur.

Etwas wird so oft widerlegt,
bis seine Wahrheit bewiesen scheint.

Gutes gibt es auf der Welt, damit Böses sich nicht dafür hält oder ausgibt.

Liebe stürzt die Selbständigen
und stützt die Unselbständigen.

Das Leben hat den Sinn, den man ihm nimmt.

Jede gute Theorie befördert einen Fortschritt
und behindert den folgenden.

Für Kultur war man einst zu arm
und ist man nun zu reich.

Wieviel Originalität ist nur misslungene Imitation?

Man will für das Gemeinwohl mehr wirken
als für den Willen der Mehrheit.

Am lautesten lachen stets die Lächerlichsten.

Roman: Kunst gleichstarker Gegenspieler des Helden.

Die Reichen lassen den Armen nicht so reich werden,
dass er nicht mehr arbeiten will und muss, aber auch
nicht so arm, dass er nicht mehr arbeiten kann für sie.

Arme und Schwache haben nichts miteinander gemein
als die an ihnen verübten Verbrechen.

Kapitalismus. Ich bekämpfe ihn nicht.
Ich kaufe nur nichts.

Wir sterben aus. Wir exportieren Kriegszeug.
Wir kriegen Flüchtlingsfluten.

Reiche sind sicher vor Kriegsterror,
Arme vor *Konsumterror*.

Wer mit sechzig Jahren immer noch nicht jünger ist
als mit zwanzig, bleibt immer älter als seine Eltern.

Notwendig wäre nur gewesen,
was nur du hättest können.

Armut flüchtet vor dem Krieg, Reichtum in den Krieg.

„Man wird doch wohl wenigstens noch sagen dürfen,
dass man vieles gar nicht mehr sagen darf?!"

Lebst du, wie du denkst, oder
denkst du nur so, wie du lebst?

Staat und Religion wurden hier geschieden,
um Staat und Wissenschaft verheiraten zu können.

Gute Schauspieler mimen gern Bösewichte.

Wir waren immer digital : Nullen oder Einsen.

Reflexion ist die Traute, den Reflexen zu misstrauen.

Dich selbst gibt es,
damit nicht nur von deinen Schwächen die Rede ist.

Armut ist nicht mal mehr dazu gut, Linke zu erzeugen
die den Warenkörben einen wahren Korb geben.

Was man will, ist sinnlich;
was man nicht will, hat Sinn.

Reiche haben Idyllen statt Ideale,
Arme haben Utopien statt Ideen.

Man hält besser seine Todesarten etwas artgerechter.

Ich jag dich nicht zum Teufel. Der hilft dir nur.

Gottesfurcht : Gleichgewicht
von Lebensangst und Todesangst.

Anti-Aging gilt als der Altersweisheit letzter Schluss.

Realisten wären ohne die Realität glücklicher.

Raum und Zeit passen ganz unter jedes Schädeldach.

Jedes neue Auto entfernt dich von zehn alten Autoren.

Arbeiten sind gesetzlich vorgeschriebene Pausen
in Beschäftigungstherapien.

Was ein Aphorismus uns sagt, bleibt sein Geheimnis.
Vor Gott und dem Gesetz sind nicht alle Worte gleich.

Lies Goethe nicht, weil er kein Auto und Internet hatte

Zusammenfassung. Entsteht schon Selbstbewusstsein,
wenn Fingerspitzen Fußspitzen erfassen?

Nur der Lügner will und muss die Wahrheit kennen.

Christen opfern sich gern (her)auf.
Das Geld schaut auf die Welt wie der Geist : herab.

Jeder kann jeden Tag um Ewigkeiten verlängern.

Wer wie die schweigende Mehrheit schwatzt, stört nie

Wer nichts zu sagen und zu melden hat,
hat mehr zu lesen und zu schreiben.

Macht die Welt eintausend Schritte voran ins Paradies
macht der Aphoristiker einen Satz zurück ins Freie.

Ohne Räuber ist Geld nicht viel wert.

Liebt der Christ sich selbst wie seinen ärgsten Feind?

Das Sein kann nicht denken, das Denken aber sein.

Die meisten Menschen sind so selten glücklich
wie die *happy few* moralisch.

Die Riesenkrisen der Welt lassen mir die Möglichkeit,
sie anzuglotzen.

Von Könnern und Kennern

In Literatur finde ich nie meine eigene Geschichte
wieder. Da kann ich ja gleich Ethnologie treiben.

Mimesis. Gute Kunst ahmt die böse Welt nach.

Der Mensch braucht die Sprache,
die Menschheit braucht die Schrift.

Ohne Habgier keine Wirtschaft, ohne Begierde keine
Leidenschaft, ohne Blutgier keine Machenschaft,
doch ohne Neugier blüht nun Wissenschaft.
(Neueste Menschen ziert auch „Altgier".)

Künstler verschleiern ihre Hüllen durch nackte Körper
und enthüllen unsichtbare Leiber durch bloße Kleider.

Große Kumst ist so unkultiviert wie alle Welt,
und nur unkultivierteste Kunst ist Kulturförderung.

Wer richtige Kunst macht, zeigt : Wie man´s macht,
macht man´s falsch im Leben.

Künstlerische Schönheit glänzt durch Grau in Grauen.

Kunst bewegt durch Stilleben und bannt durch Rasanz

Kunst wird Kitsch – durch neue Kunst.

Nur das einsamste Kunstwerk heilt die Einsamkeit
in der Gesellschaft.

Am beredtesten ist das Verschweigen großer Werke,
die uns nichts sagen (sollen).

Sagt Kunst dir nichts, hast du nur zu gut verstanden.

Kunst ist in der großen Welt ein holder Schein
und macht die weite Welt zum bösen Schein.

Wer nichts reinzustecken hat,
holt aus Kunst nichts raus.

Durch friedliche Schönheit erklärt Kunst
der verhassten Welt den Krieg.

Kunst, die für sich bleibt, wird harmlos.
Die für alle wirkt, macht alles mit.

Wer Kunst produziert, rebelliert gegen Produktions-
schlachten.

Die Kunst büßt durch Absonderung
ihre Mitschuld am großen Ganzen.

Die verrohte Welt wird durch grobe Kunst bestätigt und durch verfeinerte Kunst verschleiert.

Human bleibt nur Literatur der Unmenschlichkeiten.

Die Welt tötet durch Vitalität, Kunst macht lebendig durch (Starren auf) Erstarrtes.

Kunst spottet sinnlicher Lust wie verständlichem Sinn dem Spiel und Sport, dem Schmuck und der Hygiene.

Die Mache der Kunst macht nur das Unmachbare unnachahmlich nach.

„Unverhoffte Gegenwürffe" *(Czepko)*

Ein perfekter Mensch ist unvollkommen,
ein schwacher ohne Schwächen.

Energie- und Rohstoffverschwendung können sich aus der Portokasse nur die *happy few* leisten, die auf Kosten aller alles vergeuden, verprassen und verdrecken.

Wer etwas Verrücktes tut, weil er etwas Verrücktes tun will, tut damit noch nichts Verrücktes.

Wer kein schlechter Schüler war, wird nie ein Einstein

Statur macht stolz, Fraktur macht lahm,
Natur macht roh, Kultur macht blass.

Die Friedhofsruhe im Krieg ist nicht viel anders
als die Produktionsschlacht im Arbeitsfrieden.

Dre(ie)ck. Geht heute durchs Nadelöhr des Himmels
eher der schlanke Reiche als der fette Arme?

Krieg ist kein Frieden mit Gott, doch „Arbeitsfrieden"
ein Weltkrieg gegens Reich Gottes.

Lässt sich rückgängig machen, *dass* mikrophysikalisch etwas passierte, und nicht nur, *was* da geschah?

Hätte jeder ein Haus, gäbe es keine Äcker mehr.
Hätte jeder ein Auto, würden alle ersticken.

Die Gesellschaft entlohnt Naturtalente, die ihr dienen,
nicht Verdienste.

Frontrunner. Wer mehr weiß, lernt mehr.
Wer nichts lernt, weiß es besser.

Wer nichts ist, geht in der Gemeinschaft auf,
die durch ihn nicht mehr wird.

Das Gute gehört zu den Opfern, die man ihm bringt.
Am größten ist, sich für Geringste(s) einzusetzen.

Wo Demokratie ist, herrschen nicht die vielen Armen,
Erniedrigten und Beleidigten.

Geschäfte macht man damit, dass man welche stört.

Verleger, Psychologen und Literaturwissenschaftler
leben von seinen Träumen besser als der Dichter.

Der Abgrund steht immer wieder vorm Abgrund einer
wohlbegründeten Welt.

Nur die Schule versetzt die Guten in höhere Klassen.

Wir irren wie die Alten und hoffen wie sie,
uns als erste nicht zu irren.

Die Wahrheit ist in dem Irrtum befangen,
mit ihm nicht koexistieren zu können.

Einer zahlt immer drauf, einer erzählt immer drauflos.

Gestern, gestern, nur nicht heute,
sagen alle alten Leute.

Aphorismen zur Lebensfremdheit

Dass wir fast alles oder nichts bekommen,
bekommt uns gar nicht.

Mehrheiten machen Revolutionen,
(geschützte) Minderheiten verfälschen sie.

Nächtliche Alpträume korrigieren Tagträumer.

Wer hinfällt, sollte wenigstens zu Sternen aufgeschaut haben.

Schenk niemandem Glauben,
dem du ihn auch verkaufen kannst.

Ich kritisiere, dass meine Konsumkritik mitkonsumiert wird, aber auch das wird mir abgekauft.

Der fiktive Nutzen der Neurotechniken verstärkt den realen Dachschaden der Beglücker und Beglückten.

Das Hauptwerk des Ewigen ist auch ein totaler Verriss unserer Bücher und Zeitungen.

Ein gutes Gewissen ist schlecht, ein schlechtes ist gut:
Nichts ist gewisser.

Wie meine vertriebene Zeit vergeht!

Die Bibel wird kaum noch gelesen,
weil sie die Deklaration der Menschenpflichten ist.

Der Individualist besteht auf freier Herdenwahl.

Der Ewige geht über alles hinaus, weil nicht hinweg.

Zivilisation fordert : „Richtschwerter zu Richtlinien!"

Weder Larochefoucauld noch Lichtenberg würden
heutzutage den Literaturnobelpreis bekommen.

Gewissheit braucht Beweise,
Skepsis nur ein Gegenbeispiel.

Familienbande sind heute in Gangsterbanden stärker.

Saufen wegen Sorgen führt zu Sorgen wegen Saufen.

Fabrikarbeiterlungen sind die besten Schadstofffilter
für Mittelstandslungen.

Durch Schaden wird man klug;
deshalb nutze ich anderen gern.

NB : Apotropäischer Uroboros

Was dein Leben nicht durch Umwege des größten
Widerstandes verlängert, ist nicht halbwegs Kultur.

Jeder Bastard ist von ältestem Adel : Adam und Eva.

„Seher" : Betriebsblinde, die auf Macht schielen.

Wer zu nichts gut ist, gilt schon als guter Mensch,
wenn ihm nicht so gut ist.

Wer nicht aus Eigennutz sozial ist, wird es selten.

Ich kann euch nicht ins Gesicht sehen : Folgt mir!

Dass etwas ein Geheimnis sein soll, muss vor allem
geheim gehalten werden. Etwa durch Offenheit.

Auch freie Marktwirtschaft wird planmäßig betrieben.

Am gleichen Strang zieht jeder den Kürzeren.

Die einen schenken dir das Leben,
die anderen verkaufen dir die Lebensmittel.

Sauberer Aufstieg : Durch Gewäsch
vom Tellerwäscher zum Gehirnwäscher.

Geist gilt als das menschlichste Sinnorgan.

Freiheit 2020 : Selbstverwirklichung als Ameise.

Der Mensch stammt ab vom Affen, der Unmensch
vom Schweinehund, der Mitmensch vom Goldhamster

Satire : Gemeinte fühlen sich nicht betroffen,
und Betroffene waren nie gemeint.

Gespräche vertiefen ein Thema, um es zu begraben.

Selbst von einem Goethe blieb nicht viel mehr als der
faustische Drang des Götz von Berlichingen.

Das lobende Land wird mehr ersehnt als das gelobte.

Der Mensch bedroht viel größere Tiere
und wird von viel kleineren bedroht.

Ganze Einsichten bestehen aus geteilten Ansichten.

Auch der aufrechteste Gang endet täglich im Bett.

Nächtliche Zündhölzchen

Träumen ist, wenn man trotzdem wacht;
Theorie ist, wenn man Machern trotzt.

Der Aphoristiker, ein Fürsprecher der Widersprüche,
macht größere Sprünge in kleineren Sätzen.

Nichts als Bonität ist besser als gar nichts.

Arbeitgeber sind Diebe, die uns die Tagesruhe rauben.

Der unfreie Wille wäscht nun sein Hirn in Schuld.

Richtige Feministin : kleine Unterschiedsrichterin.

Der Mündige hält den Mund und schreibt.

Kopf: Seh-, Steh-, Bank- & Denkvermögensverwalter

Man nimmt erst teil, dann Anteil, dann seinen Anteil
und dann den Hut.

Kapitalismus ist die Religion, die uns habselig spricht;
Religion ist ein Kapital, das uns armselig spricht.

Urteilsvermögensbesteuerung heißt Erfahrung.

Nur Menschen können sprechen, nur sie können
ihre Gedankenlosigkeit nicht verbergen.

Entweder ist der Herr ein Mensch und sein Knecht ein
Vieh oder der Sklave ein Mensch und sein Boss ein
Gott.

Ich spreche nicht aus Erfahrung,
sondern aus Erfahrung nicht.

Wer nicht mehr zählt, zählt seine Jahre.

Schlag die Zeit tot, die mit der Zeit dich totschlägt!

Optimisten erkennen zu wenig, Pessimisten zu viel.

Nietzsche war ein Genie, das von Stümpern verlegt
wurde; ein Bestseller ist ein Quark, der von Genies
verkauft wird.

Künstlerische Freiheit ist die Fähigkeit, Musendiktate
zu verhunzen.

Mutter Natur und Mutter Kirche rennen den Menschenkindern hinterher, die ihr den Hintern zeigen.

Patchworks, Pastiches und Pasquills

Auch heute erreicht man, dass Bücher nicht gelesen werden. Man verbietet sie einfach nicht mehr.

Liebe ist keine Schwäche für fremde Schwächen.

Hat nur dein Gehirn Schuld an deiner Schuld?

Ich bin so gesund,
dass ich sterbende Bäume ausreißen könnte.

Christus nahm uns die Sünden ab.
Die Kirche erlegte uns die Bußen auf.

Wer nicht nur Rollen spielen will, spielt gar keine.

Wer Angst hat, ist unsicher;
wer keine hat, ist ungesichert.

Konstruktivismus ist der Realismus der Konstrukteure.

Fehlerfreie Verfehlungen auf Befehl :
perfekte Verbrechen.

Sich Gedanken zu machen, ist die effektivste Praxis.

Wer sich immer neu selbst erfinden will,
sucht immer noch das *Perpetuum mobile*.

Reiche haben nur sehr viel mehr Schulden als Arme.

Die Armen, die wir in der ganzen Welt erzeugt haben,
flüchten sich nun zu uns. Die Armen müssen gut sein,
damit es der Reiche gut haben kann.

Was alle denken, ist ebenso irre wie das,
was nur einer denkt.

Gottvater machte den Atheismus zu einer Form
des Feminismus.

Das Glück der Erde liegt auf dem Rücken zu Tode
gerittener Steckenpferde.

Die Würde des Un- und Übermenschen ist eine Bürde
für den Menschen.

Das Verwunderlichste ist, dass man sich über so viele
Wunder so wenig wundert.

Der eine hat Köpfchen, der andere Geist.

Als gut gilt, wem es schlechter geht als Schlechteren.

Der Ewige ist ein strenger Lehrer : Er lehrt nützliches Wissen und bestraft blinden Glauben.

Gotteserkenntnis ist kein Glaubensbekenntnis, Lebensweisheit aber meist Aberglauben.

Im Alter will das Gedächtnis nicht mehr, das Denken wollte nie.

Künstlerische Versinnbildlichung des Ideals ist kein praktischer Kompromiss mit der Realität.

Ein freier Mensch macht sich oft abhängig von etwas, das ihn frei gibt und hält und spricht.

Der deutsche Leser übersetzt den aphoristischen Satz zurück in den ganzen Aufsatz, den er ersetzt.

Der erste und der letzte Anhänger einer Theorie werden ausgelacht (also hilfreich unterschätzt).

Die Natur macht nur Sprünge, auf die wir ihr helfen.

Kunst schafft Spielraum, Kitsch füllt ihn nur aus.

Die Sache selbst ist in der Sprache der Hirnforscher immer reine Nervensache.

Demenz ? Betagte werden Umnachtete.

Die Idee von Sein bestimmt das Bewusstsein.

Heute dominiert nicht mehr die Allgemeinheit das Individuum, sondern das Mittelmaß die Marotte.

Der *Urknall* kann nicht die Naturgesetze geschaffen haben, nach denen er abläuft.

Platon lehrte, dass ideale Ziele auf realen Wegen nicht erreichbar sind, doch der himmlische Zweck die irdischen Mittel heiligt.

Aphoristiker sind reine Theoretiker. Sie führen ja praktisch nicht weiter aus, was sie ausdrücken.

Der Sterbliche zeigt sich im friedlichen Turmbau, der Ewige in Wüsten und Verwüstungen.

Meine Menschenwürde kriegt der, dem ich sie raube.

Nie ist die Rede von einem Kultstatus der Hochkultur.

Man lernt aus der Geschichte nur, dass man sie weder macht noch schreibt (samt seiner Lebensgeschichte).

Kultur ist, was neben der Weltgeschichte geschieht.

Erst Weltreligionen, dann Weltkriege, dann Welthandel, dann Weltkulturerbe und nun Umweltphilosophie.

Unsere Ansprüche werden mehr, aber anspruchsloser.

Wellness. Nicht nur Wohltäter wollen sich wohlfühlen

Praxis? Ein gutes Konzept ist das beste Rezept.

Die Arbeiterklasse *schrieb* noch nie Klassenarbeiten.

Massen werden veranstaltet, Individuen verunstaltet.

Den Ewigen hat man häufiger verändert,
als sich von Ihm verändern lassen.

Ein Aufsatz ist ein Satz, der Fett angesetzt hat.

Es gibt mehr gespenstische Materialisten
als eingefleischte Idealisten.

Die Zeitgenossen ackern nicht mehr, sondern sind
wieder Vergnügungsjäger und Andenkensammler.

Befrei die Gedanken aus Köpfen, sperr sie in Bücher!
Der Kopf erzeugt die Ideen, die ihn beherrschen.

Gerechtigkeit : Gleichverteilung der Ungleichheit.

In der Physik geht es logischer zu
als in der Logik mit natürlichen Dingen.

Bestseller altern schneller als ihre Autoren und Leser.

Du misstraust jedem, den du betrügst.

Ursprung des Computers: „Deine Rede sei ja, ja, nein, nein, alles darüber ist von Übel."

Wer freier ist als andere, ist unfrei.

Ihr fesselt mich mit den Ketten, in denen ihr liegt.

Ist Selbstkritik immer Selbstironie?

Was Naturwissenschaftler von unserem Innenleben
sagen, ist so kurios wie das, was wir vom All glauben.

Es heißt immer, das Glück sei flüchtig.
Aber nur zu bald ist es wieder hinter Gittern.

Dadaheim zwischen Duell und Duett

Jung verhält sich zu alt nicht mehr wie Erstklässler zu Erstklassigkeit.

Es gibt Delikte, die sogar die Justiz nachjustieren.

Theoretiker wollen nur an keinem Tatort erwischt werden.

Kommunikation : Selbstgespräche der IT-Branche.

Auch fremd(artigst)e Gedanken haben ein Asylrecht.

Werden Berge in Täler geworfen, entstehen Ebenen.

Treffen 200 Seiten eines Buches auch nur die zwei Seiten einer Sache?

Nur Wachstum realisiert, was seine Kritiker fordern.

Weltbilder sind oft zu unrealistisch,
weil sie nicht phantastisch genug sind.

Gibt es nur einen einzigen Arzt, ist er gut genug.

Auch Ungerechten kann man Unrecht tun
und auch den Teufel verleumden.

Nur der theoretische und kontemplative Zweck heiligt
die aktiven und praktischen Mittel.

Hast du dich vergangen an mir, geh nicht in mich.

Jeder spielt Rollen und probt vor Premierenpublikum.

Fürchte dich vor deiner Feigheit, nicht vor Mutigen.

Auch Abgründe hat man schon gründlich überdacht.

Eine gottlose Welt ist so beliebt, weil sie glaubt,
den Teufel los zu sein.

Literatur hilft so wenig gegen Physik und Biologie
wie Astronomie gegen Astrologie. Und umgekehrt.

Es gibt hier durchaus noch eine Zensur,
doch kaum Verbietungswürdiges mehr.

Kurzgeschichten sind zu lang(weilig)e Aphorismen.

Man nimmt jetzt alles in Kauf, was Kaufkraft gibt.

Die *Umwelt* ist die moderne religiöse Hinterwelt,
und ein Umweltall gibt es nicht.

Erfahrungen macht man nur in Fahrtrichtung.

Ruhe genießt heute einen schlechteren Ruf
als Ruhm oder Revolution.

Das Wahre und das Böse sind immer konkret,
das Gute bleibt verdammt abstrakt.

Gebirge : Ins Getriebe geworfene Sandkörner.

Am besten toleriert mich, wer mir Recht gibt.

Arbeitsteilung : Würden *alle* mitarbeiten, bliebe für
jeden fast nichts übrig als Arbeitslosigkeit.

Ein Rechtsstaat ist widernatürlich,
weil gegen das Naturgesetz des Stärkeren gerichtet.

Kunstpreise zu erhalten, ist keine Kunst mehr.

Was nicht weh tut, ist schnell langweilig oder falsch.

Man arbeitet nur daran, arbeiten zu lassen.

Massenware ist schlecht, Luxus ist gut? Nein,
Bosheit ist Massenware, Gutsein ist Luxus.

Genommenes wird schnell "Gegebenes".

Der Kopf reflektiert darauf,
dass Augen nicht die Welt reflektieren.

Physik wird immer metaphysischer, Philosophie immer handgreiflicher, Kunst immer anlagefreundlicher.

Menschen großziehen heißt sie kleinstoßen.

Mancher mag zu dumm sein, um Denker zu werden,
doch noch zu klug, um Dichter zu werden.

Du stellst dir vieles vor, was sich dir nie vorstellte.

Lächerlich ist, wer nichts mehr zu weinen hat.

Geherrscht hat immer nur, was längst ausgedient hat.

Freie Bahn dem tüchtigsten Würfel !

Wo Geschichte nicht mehr zählt,
erzählt man sich Geschichten.

Prosa und Kontrasa : *Reduktion als Produktion*

Komisch wirkt Starrsinn vorm Lebendigen,
aber auch Flexibilität vorm Charakter.

Artensterben erreicht leider nie Esel und Ameisen.

Zeitgeist ist das gute Gewissen der Gewissenlosen.

Geist ist keine Nebenwirkung des Körpers,
doch leibliches Wohl ein Placebo des Kopfes.

Gegen Unvergänglichkeit der Übel helfen nur Moden.

Kunst ersetzt Erfolg durch Qualität,
Literatur den Film durch Phantasie.

Hilft keine Werbung, ist es Kunst. Stümper sind zu
allem zu gebrauchen, Künstler zu nichts.

Jugendsünden : Alterserscheinungen.

Massenveranstaltungen : Menschenverunstaltungen.

Aphorismenbände mit Illustrationen
sind wie Fahrräder mit Nachtisch.

Schweigende Mehrheit : Alles quasselt durcheinander.

Die Bilderflut wurde der Bildungslückenbüßer.

Aus den vielen Worten, die der Aphorismus verliert, werden ganze Romane gemacht.

Maschinen tun nicht nur Menschenunmögliches, sondern schon Unmenschenmögliches.

Geurteilt wird letztlich im Namen des Namenlosen.

Deal. Ideal. iDeal.

Lebenssinn 3.0 : All-inclusive-wellness mit malerischem Blick auf Elendsviertel und Kriegsgräuel.

Masche : Man kann nur noch Maschine werden oder Maschinist.

Du bist kein Mensch; du tust weder Gutes noch Böses.

Im Sozialismus waren auch Eigenliebe und Eigenschaften volkseigen.

Die wachsende Mitmenschlichkeit bedroht jeden.

Spottpreis(ung)en

Von Geistesblitzen Erschlagene leben lustig weiter.

Manche Gesetze verstoßen gegen mich.

Bei Juristen hat sich das Volk einen Namen gemacht.

Was gilt, ist prinzipielles Gegenteil aller Prinzipien.

Geldmittel haben den Zweck, größere zu heiligen.

Der Sesshafte kam ins Schwimmen
gegen den Flüchtlingsstrom.

Die Wahrheit kann man eher in Gewahrsam nehmen
als wahrnehmen.

Wer über Witz(e) spottet, hat auch Humor.

Künstler nehmen sich viel Zeit,
die ihrer Kunden totzuschlagen.

Die Brust will sich brüsten, die Hand will handeln,
der Kopf will köpfen.

Zwischen Kabinett und Kabarett

Bau deine Luftschlösser, doch nicht noch auf Sand!

Die Weisheit reicht nicht für alle Uni-Philosophen.

Du erziehst deine Kinder so,
dass die Enkel dich mehr lieben.

Heady? Der Sinn des Handy ist es, weltweit Schwachsinn statt abhörwürdige Gedanken auszutauschen.

Erdbebenliebhaber sind die wahren Naturfreunde.

Linke Bürger vergessen leicht,
dass sie für ihre eigene Enteignung kämpfen.

Man denkt nicht stets ans Geld. Nur, wenn man denkt.

Grau: Ist es weise, gar nicht weise werden zu wollen?

Zeit ist sozial. Oberschicht denkt stets an gestern,
Unterschicht an heute und Mittelschicht an morgen.

Bösewichte sind gut im Schlechtsein,
Gute sind schlecht im Begütertsein.

Alltagtraum. Im Westen leben freie Menschen,
d.h. orient(ierungs)lose.

Man arbeitet auch in der Freizeit,
ich dichte auch in der Arbeitszeit.

Der natürliche Nutzen von Kultur liegt darin,
praktisch unnütz zu sein.

Der Kapitalismus selbst geriete in die Krise
erst ohne ständige Krisen.

In Künsten sucht die Unterschicht Lustspiele
und die Oberschicht Tragödien.

Wer mit Engeln rechnet, findet Teufel;
wer mit Teufeln rechnet, findet Leute.

Sozialismus? Gibt es nur ohne Sozialstaat.

Denker wirken tief, wenn sie den Boden der Tatsachen unter ihren Füßen unergründlich finden.

Wirft die *Wegwerfgesellschaft* die Gesellschaft weg?

Man projiziert auf undurchdringliche Wände Bilder
von dem dahinter.

Verkettet und vernetzt? Aphorismen reißen in Stücke, was andere in Zusammenhänge rissen.

Es gilt als üble Sitte, auf besseren zu bestehen.

Die Hälfte der Menschheit lebt schon in provinziellen Mega-Cities und lässt die Kultur im Dorf.

Kommt das Leben zu kurz, lebt man immer länger.

Der Praktiker legt Hand an – dich.

Überall steckt noch Poesie. Außer in Lyrikbänden.

Männer haben kaum noch Vaterwitz.

Popmusik : Ouvertüre zur Marschmusik von morgen.

Kunst-Anzeige : Konfliktstoff sucht Konsensform.

Der Arme legt Hand an; der Reiche handelt damit.

Gewissenlose machen gern Gewissensbisse.

Religion ist lange nicht mehr das Jüngste Weltgerücht.

„Des Alters Kurzschrift üben" (*Martin Walser*)

Geflügelte Worte : Gestutzte Gedanken.

Aufrichtiger Kriechgang wird nie hinfällig.

Lakonisch sind nicht einmal deutsche Kommandos.

War der Paradiesgarten vielleicht ein Gottesacker?

Die freie Welt schlägt ihre Freizeit mit verschwitzten Beschäftigungstherapien in Fitness-Centern tot.

Wer nicht gehetzt und verletzt, belästigt und behindert wird, fühlt sich schnell einsam.

Wer dem Kerker entweicht,
findet sich im Lager seiner Todfeinde.

Philosophien sind keine Denkmäler für Denkanstöße.

Es gibt keine guten Aphorismen. Sie brächten für einige Minuten das Geschwätz zum Verstummen.

Heute folgt man allen Mächtigen,
die dem Allmächtigen nicht folgen.

Wespenstich ins Blaue:
Wirrwahre Vexierbilder

Wer steigt, soll nicht hochspringen.

Freiheit : beliebtes *multiple choice*
zwischen beliebigen Sachzwängen.

Wer jung bleiben will, muss ein Jünger bleiben.

Wer kein Esel sein will, muss ein Schwein werden,
das sich für einen Löwen halten lässt.

Es gibt Leute mit aufrechtem Gang –
in Fahrtrichtung.

Man kann gewichtiger werden oder die Waagen bauen
oder klauen.

Blödsinn ist Sinn – von weitem.
Sinn ist Schwachsinn – von nahem.

Besser einer schlägt alle, als alle schlagen einen?

Manchen Herrn würde man nicht mal
als Knecht nehmen.

Einmütig wird Kleinmut Klugheit genannt
und Demut Feigheit.

Ein Prinzipal begründet keine Prinzipien.

In *der* Geschichte geht viel mehr ein
als in *die* Geschichte.

Bücher werden nicht nur von der Post
nachrangig behandelt.

Gewinnbringend kann man das Geld nur noch anlegen
auf seinen Nächsten.

Du fällst unter dem Gewicht,
das du auf dich legst.

Arbeite zum Wohle der Menschheit,
der dabei wohl nicht ganz wohl ist.

Nenn die Dinge nicht bei deinem Namen
(oder dich bei ihrem)!

Du riechst mein Parfüm und nicht den Braten.

Der Aphoristiker ist ein Herr, der sich kurz fassen
kann, oder ein Knecht, der sich kurz fassen muss.

Sinn jeder Tat ist ihre nutzlose Theorie,
Sinn jeder Lehre ist Untätigkeit.

Aphorismen sind weder Anfänge noch Reste.

Zukunftshoffnung erlöst von Unsterblichkeit.

Forscher stehen autoritätsgläubig
vor nassforschen Zeigerausschlägen.

Wie viele mittelalterliche Schutzengel haben
Platz(angst) auf einer aphoristischen Spitze?

Lebenssicherheit ruht auf Prognosen
an einer einzigen Stichprobe.

Absolute Werte, gibt´s die?
Wenigstens eher im Himmel als im Handel.

Der Wert steht im Buch,
doch gebucht wird die Welt.

Gott ist tot,
es leben unendlich viele Götzen und Diven!

Sicher scheint nur, dass Kunst alle verunsichern will
außer Geldanleger.

Aphoristiker können „nach den Regeln des Damespiels Schach spielen" *(Valéry)*

Wer sich selbst gefunden hat,
verkauft sich sofort wieder.

Descartes? Ich denke, also bin ich des Teufels.

Atheisten glauben an Nietzsches toten Gott,
der sie erlöst vom Gericht.

Der Ewige lässt Hinterweltgeschichte machen,
der Leibhaftige Unterweltgeschichte.

Nur vorrechtlich ist noch etwas zu machen.

Wer über den Tellerrand hinausblickt, sieht seine
Hand und den vollen Teller des Nächsten.

Unsere Industrie bekämpft Erderwärmung
durch soziale Kälte.

Individualisierung sollte etwas mehr sein
als Sozialabbau.

Der Mensch ist das „vernunftbegabte Tier", heißt es,
aber ist die Vernunft auch menschenbegabt?

Muss man sterben,
weil man seine Zeit totgeschlagen hat?

Halte so viel Abstand von und zu der Welt,
dass noch ein paar Weltbilder dazwischen passen.

Kultur könnte eine Oase in natürlichen Wüsten, die
Natur eine Oase in zivilisierten Verwüstungen sein.

Die Gedanken sind frei – denkt der Kopf.

Man erlebt wenig von dem, was man sich erdenkt,
und durchdenkt noch weniger, was man durchlebt.

Spiel dein Theater, die Rollen schreiben andere.

Was sich so ergibt, ergab sich einer Übermacht.

Religion : *Ein* Gott für alle
oder *sein* Gott für jeden.

Ketten klirren wie die Kälte,
Freiheit kocht wie die Volksseele.

Jeder Mensch genießt die Würde dessen,
was er gern sein würde.

Die Zeit, die ich brauche, um diesen Pfeil zu schnitzen
brauchen andere, um ein ganzes Buch dann doch nicht
zu schreiben.

Oft ist man gemein, um nicht naiv zu wirken.

Der Künstler kündigt die Gemeinschaft,
der Beifall bringt sie zurück.

Tu alles aus Liebe, doch aus Liebe nicht alles!

Reaktionäre? Endlich mal was Neues.

Sind alle Mächtigen tot,
ist der Tod noch genauso allmächtig.

Welche Stimme bestimmt,
dass ich mich bestimmt selbstbestimmen kann?

Menschenrechte werden verbindlich,
wo Bande zwischen Menschen reißen.

Stehlen hieß mal „etwas organisieren".

Philosophie beginnt mit dem Staunen über die Welt.
Wir anderen bestaunen die Philosophen.

Der Neid ist das einzige Lob, das dem Beneideten
mehr schmeichelt als dem Neider.

Nach jedem Gedanken-Austausch
bin ich dümmer.

Ob alle mithören wollen,
wenn alle mitreden können?

Das einzig Unentbehrliche an mir ist wohl
die Einsicht in die eigene Entbehrlichkeit.

Die digitale Welt besteht aus (unendlich vielen reellen
Zahlen zwischen) 0 und 1.

Geschwindigkeit ist meist Zeitverschwendung.

Dass viele zu viel kriegen, weil wenige alles kriegen,
schreit nach Kriegen.

Der Unfreie wählt zwischen Alternativen,
der Freie erfindet Alternativen dazu.

Tyrannei herrscht, da Freiheitskämpfer gewöhnlich
nur frühere Freiheitskämpfer bekämpfen.

Grobian liebt Grobian, Mimose hasst Mimose.

Quodlibet, Malmots, Stillstandpunkte und springender Schwachpunkt

Liebe macht blind dafür,
dass Adam und Eva sich erkannten.

Kultur ist das einzige Paradies, das jedem
offensteht und oft die einzige Hölle scheint,
die ihm verschlossen bleibt.

Das Leben hat den Sinn (dafür),
ihn lebendig zu halten.

Materiell. Ernst Blochs Lösung ist ein Teil
des Problems: stoffliche Verstopfung.

Der Mensch ist heute so gut,
dass er keinem Flugzeug etwas zuleide tun kann.

Tempo hat nie Zeit.

Es gibt noch keinen Tag der offenen Systeme,
Wunden, Rechnungen und Geheimnisse.

Nur extreme Arbeitsteilung
leistet noch ganze Arbeit.

Auch Ehrlichkeit hat ihren Ehrgeiz.

Setzt der An-fang nicht einen Ab-wurf voraus?

Alte träumen von Zeiten,
als ihre Träume noch unerfüllt waren.

Alles, was man ungern tut, gilt schon als Tugend.

Wer ernst genommen werden will, sehe zu,
dass er weder erster noch letzter ist.

Reiche verdienen Geld im Schweiße
meines Angesichts.

Eine Medaille für die Kehrseiten, bitte!

Gesellschaft : Individualverkehr im Massenstau.

Philosophie ist nie so stumm
wie der Stein der Weisen.

In der Höhle des Löwen
gilt Platos Gleichnis wenig.

Engagierte Literatur : Pegasus vor Mistwagen.

Haben wir keine Bedürftigen mehr,
haben sie mehr Bedürfnisse.

Befrei dich aus Grenzen, begrenz dich aus Freiheit.

Mach dir Gedanken, dass dein Denken nachlässt,
nicht dein Gedächtnis.

Der *kleine Unterschied* eint sie, der große trennt sie:
Eheleute werden heute stärker als ihre Ehe.

Du willst eine Rolle spielen? Du musst.

Am meisten entbehrt man Unentbehrlichkeit.

Kommt mal auf andere Gedanken,
nicht auf die Gedanken anderer!

Man lernt aus Befehlen mehr als aus Fehlern.

Die größte Befriedigung finden nicht die Friedlichen.

Was nicht mein Selbstbewusstsein untergräbt,
war keine Selbsterkenntnis.

Wer mir vergibt, vergibt sich nichts.

Verzeiht ihnen nicht, denn sie wissen,
was sie mit sich tun lassen.

Böser Wille hat Glück, Pech hatte guten Willen.

Der Ewige geht übers All hinaus und nicht hinweg.

Verstanden hat mich, wer mich widerlegen kann.

Ins Schwarze trifft, wer auf weiße Westen zielt.

Erkenne dich selbst(süchtig und –gefällig).

Alt finde ich nur alle,
die sich dauernd neu erfinden.

Wer keinen eigenen Gedanken hat,
sucht keinen Urheberrechtsschutz.

Kunst hat nur aus der Luft gegriffen,
was in der Luft lag.

Irgendwann kann man nicht mehr so,
wie man einst noch nicht konnte.

Kunden wollen Kitsch. Künstler liefern Kunst. Betrug!

Wenigstens bewegt mich,
dass ich mich zu wenig bewege.

Die Todesstrafe für alle lässt sich so wenig
abschaffen wie die Lebenslust einführen.

Viele Aphoristiker machen wenig Worte,
doch zu viele Aphorismen.

Kein Urteil ist ein regelrechter Freispruch.

Die Gesellschaft macht jeden zum *selfmademan*,
der sich selbst zum Herdentier macht.

Geistesblitze : Mündigkeitsfeuer aus Lebensläufen.

Jede rechtstaatliche Gewaltenteilung
will die ganze Macht für sich.

Richtiges Sein verstimmt das falsche Bewusstsein.

Mehr Freiheit von denen,
die mehr Freiheiten haben!

Der falsche Prophet gilt in jedem Land alles.

Deine Distanzierung von mir tritt mir zu nahe.

Man lebt immer im finstersten Mittelalter
zwischen Altertümern und Zukunftsmusik.

Hat der Schöpfer all unsere Bücher besser gelesen
als jedermann Sein einziges?

Das höchste Prestigeobjekt ist es, keins zu wollen.

Neues? Ein seltener Kopierfehler kopiert sich fort.

Vorm Gesetz sind alle gleicher als vor Gericht.

Ist die freie Welt nun frei
von den Zehn (oder 614) Geboten der Befreiung?

Atomraketen werden schneller besser als die Welt.

Wachse mit dem Mist, den andere machen.

Erben sind vom Start weg am Ziel,
andere vorm Start schon am Ende.

Bastarde überleben das Stammbaumsterben.

Mancher Atheist glaubt mehr, als er glaubt.

Individualverkehr steckt im Dauerstau.

Du wirst aus der Welt nicht klug, aber schlau.

Fortschritt ist der aufrechte Gang der Dinge
und der waagerechte Wolfgang des Menschen.

Bücher sind meist zu schwer für starke Kerle.

Mit Egoismus aggressiv, ohne Egoismus depressiv.

Würde der Bescheidene beachtet, wäre er geachtet.

Das häufig fernste Ziel heißt Anfangen.

Utopien werden zur Hölle :
Die Hölle *ist* eine Utopie.

Der freie Mensch folgt sklavisch seinen Vorlieben,
der begabte seinen Naturtalenten.

Ich wohne auf Sirius, und die Erde ist mein Ideal.

Bloßes Altern gilt als beste Selbstverwirklichung.

Der Zweck instrumentalisiert das Heilige.

Kommunikation hat den Zweck, gute Argumente
durch Gegenargumente zu ersetzen.

Soll sich die Welt regieren mit der Bergpredigt
oder den Zehn Geboten der Selbstbefreiung?

Wer in sich geht, trifft Fremde;
wer sich findet, ist außer sich.

Wer nicht mitmacht, muss viel mitmachen.

Die große Welt ist eine aufgeblasene Halbwelt
oder zu dick aufgetragene Unterwelt.

Viele Wünsche lassen selbst zu wünschen übrig.

Freud legte unsere Scheiße und unser Schweigen
auf die Goldwaage.

Recht auf Arbeit ist hier schon Pflicht zur Arbeit.

Die Arbeitsfreude der Künstler
übertrifft eure Urlaubsfreuden.

Sachlichkeit braucht keine eigene Meinung.

Ein Autor muss zusehen, wo er schreibt und bleibt.

11. Feuerbachthese : Es kömmt aber darauf an,
die Welt als richtig verändert zu interpretieren.

Es gibt immer dieselben Zehn Gebote der Stunde.

Viele Menschen arbeiten am aufrechten Müßiggang.

Zuchthäuser waren immer Unzuchthäuser.

Marionettenspieler hängen an den seidenen Fäden
ihrer Puppen.

Die ganze Welt besteht nicht aus zwei Halbwelten,
kann aber darin zerfallen.

Ihr Lieben alle diktiert mir
meine liebsten Aphorismen.

Jeder trägt sein Kreuz wie einen Tapferkeitsorden.

Pandekten und Indigesten

Größere Qualität schlägt um in kleinere Quantität
und höhere Quantität in niedere Qualität.

Lösch das Licht,
und du stehst nicht mehr im Schatten.

Theologen in Villen predigen
den Stall von Bethlehem.

Alle Macht den Rufern :
„Die Phantasie an die Macht!" ?

Sieh in den Spiegel : Kants *Ding an sich* ist dahinter.

Genießt in rechtsfreier Welt
das Vorrecht des Rechts!

Der Greis dünkt sich eher eine Antiquität
als ein Abfall.

Am spontansten reagieren die bestens Präparierten.

Der Staat ist die Faust gegens Faustrecht
und hat Recht auf Gewalt gegen Gewalt.

Ist dir nie mehr zu nehmen, was du frei gegeben?

„Gott ist tot"? Blutige Idioten sind seine Nachfolger.

Ich leide an deinem Mitleid,
das nie meine tapfere Geduld rühmt.

Die Unterschicht braucht Hochkultur, nicht Aufstieg.

Das letzte Tabu ist, dass es keins mehr geben soll.

Sind viele Wunder durch Kausalgesetze verknüpft?

Wahrheitsliebe ist gewöhnlich eine neurotisch gehemmte Libido mit notorisch schlechtem Gewissen.

Leichter lässt sich lenken, wer zu lenken glaubt.

Zum ewigen Müßiggang bist du nicht reich genug.
Oder nicht geistreich genug?

Rezeption nach Rezept. Komischer als Witzbücher
sind wissenschaftliche Werke darüber.

Der Sozialismus hatte wenigstens den Sinn,
seinen Gegnern den Sozialstaat aufzuzwingen.

Die Welt will betrogen werden, hat aber kein Recht dazu. Warum sollte sie gerade diesen Wunsch erfüllt kriegen?

Magnat als Magnet. Ist es ein Gottesbeweis, dass nur Teufelsbeweise überzeugen?

Interpreten und Regisseure dünken sich Künstler.

Besteht das Reich Gottes aus den Gütern, die jeder anderen freiwillig opferte?

Man ist für friedliche Ausbeutung und gegen kriegerische Vernichtung von Arbeitskräften.

Man ist am liebsten in der Schublade, in keine zu passen.

Früher gab es vielleicht zu viele unbegründete Schuldgefühle, heute gibt es zu wenig begründete.

Sichtbares ist nach Kant der Schatten, den das Augenlicht wirft.

Die Kreuzung von Gott und Mensch ist eine Kreuzigung.

Flachenpostbeamte

Wir wurden Götter, die Gott eher versucht als suchen.

Übergewicht ist kein Gegengewicht
zur Ausgewogenheit.

Fünf Sinne machen Sinn, den sechsten für Unsinn,
doch der Sinn des Lebens ist stets nachprogrammiert.

Die längste Leitung hat der Leser
des kürzesten Spruchs.

Wer zu unfrei ist, verkümmert sehr,
wer zu frei ist, sündigt mehr.

Bereute Sünden sind geachteter als unterlassene.

Sind Krieger unzufrieden, wenn sie Frieden kriegen?

Arbeitslosigkeit schafft mehr Arbeitsplätze als Muße.

Ans Naturgesetz muss man,
ans Strafgesetz soll man sich halten.

Am seltensten wird gelacht über Lächerliches.

Man ist anders als alle. Wie alle.
Mancher aber ist anders anders.

Es gibt mehr Pessimisten aus Übermut
als aus Überdruss.

Zweck vieler Bemühungen ist die Genugtuung,
sich redlich bemüht zu haben.

Die Jagd nach dem Glück bringt es zur Strecke.

Ich habe meine Grenzen überwunden,
wenn kein anderer sie überwinden kann.

Wer sich besser dünkt, muss sich bessern.

Viele Forscher sind schon früh studierstubenrein.

Meine Freiheit ist unausgesetzt deiner ausgesetzt,
für die sie sich einsetzen muss.

Mancher missratene Mensch war recht gut beraten.

Dumme gewinnen oft Spiele, die Kluge erfanden.

Hält ein Mann, was er sich von einer Frau verspricht?

Zur Sache? **Sprache auf den zweiten Blick**

Unser Verstand hat nur die Grenze,
sich keine zu setzen.

Der Konstruktivist wehrt die Realität ab
und der Realist die Theorie.

Ich bin weiter als andere. Ich bin ganz bei mir.

Im Konkurrenzkampf beglückwünscht uns der Chef
zu seinem Gewinn.

Befreit das hohe Tier aus seinem goldenen Käfig!

Arbeitsscheu ist das, was Reiche hindert,
die Schaffenden abzuschaffen und zu ermorden,
intra- wie extrauterin.

1789. Gleichheit fordern die Armen, Freiheit die
Reichen, und feindliche Brüder sind sie schon immer.

Unzählige zählen gar nicht und zahlen.

Nur Plagen, Not und Druck zügeln Grillen, Irrsinn
und Raserei – notdürftig.

Ein Sack Rosinen ohne Kuchen

Zu wenig bleibt, was zu viel schreibt.

Die Seele überlebt den Körper
wie der Blick das Auge.

Demokraten lassen keine andere Wahl,
als andere zu wählen.

Dem Schöpfer fehlt zur Vollkommenheit ja nicht einmal eine Schwäche (für mich, sagt Sein Ebenbild).

Dem Aphoristiker fällt zu Binsenwahrheiten noch Originelles ein, nicht zum Sonderbarsten noch eine Phrase.

Wer sich nähert, entfernt seine Entfernung.

Es verletzt, niemanden verletzen zu können.

Wer den Himmel auf Erden hat,
macht ihn anderen zur Hölle.

Ich bin in Form. Ohne Inhalt. Andere haben Gehalt.
Doch kaum Fasson.

Erspart mir das Leid, es mir ersparen zu wollen.

Das Beste, was du tust, ist die Bestie,
die du nicht lässt.

Ideenlose sind gegen Idealismus.

Sartre? „Die Hölle, das sind die anderen" im Himmel.

„Erkenne dich selbst" nimmer als immer Verkannten!

Staatsdiener gehen vom Ruhestand in den Ruhestand.

Hippokrates. Wem was fehlt, der sucht die Praxis auf,
wer nichts hat, die Theorie.

Wer fällt, neigt sich herablassend gnädig uns zu.

Wenn alles wenigstens nur Scheiße wäre!
Scheiß auf Kunstdünger!

Was uns über den Kopf wächst,
hat allein die Übersicht.

Es gibt nichts Neues unter der Sonne,
doch unter Astronomen immer Neues über sie.

Aphodicta et artefacta

Ein *guter* Aphorismus ist nie zu *wahr*,
um *schön* zu tun.

Wer Literaturgeschichte *schreibt, der bleibt* ungelesen

Eine Zensur findet nicht statt – findet sie.

Wer schon Sterne sieht, sieht keine Sonne mehr.

Vor schönen Gemälden wirst du hässlicher,
vor modernen Bildern viel schöner.

Alles Einerlei ist ein geschmolzenes Allerlei.

Wer gegen die Philosophiegeschichte dachte,
ist aus ihr nicht mehr wegzudenken.

Der Atheist bricht alle Eselsbrücken über sich ab.

Große Gedanken entspringen dem Herzen. Recht bald.

Meine Selbstbestimmung bestimmt
auch über meinen Wert und Charakter.

Ein Vielseitiger hat eben viele Einseitigkeiten.

Ein besseres Buch
darf dem Leser nicht folgen können.

Um dem Himmel auf Erden zu entkommen, ist kaum
ein Jenseits fern genug; um Utopia zu erreichen, muss
ich den Schreibtisch nicht verlassen.

Hat das Tier auch eine Seele, fühlt der Mensch
mindestens *zwei Seelen, ach, in seiner Brust.*

Marx stellte uns vom Kopf auf die Füße zurück,
damit uns die Hölle statt der Himmel zu Füßen liegt.

Mancher bleibt gern infantil, um nie zu altern.

Das Leben hat inzwischen Schule gemacht,
doch die Schule nicht lebendiger.

Die Null kommt noch vor der Eins,
aber zählt nur hinter ihr.

Worüber man nicht reden kann,
davon darf man quasseln.

Ich fall auf Reklame nicht rein. Ich kauf's auch so.

Welches Weltbild macht sich selbst ein Bild
von seinen Rahmenbedingungen?

Andere erleben immer anderswo immer dasselbe.
Ich sehe dasselbe immer anders.

Ich suchte meine ganze Identität
und fand einen fliegenden Flickenteppich.

Freiheit 2000 : Aufrechte Gängelung.

Die schönsten Weltanschauungen
haben Blinde und Verblendete.

Erst sind Liebende so vernünftig,
verrückt nacheinander zu sein, und dann so verrückt,
Vernunftehen zu schließen.

Nach dem Tod kommen die Artigen in ewige Langeweile und die Unartigen in ewige Drecksarbeit.

Galilei now: „Und sie bewegt sich doch", die Sonne.

Es ist nicht gut, dass ein Mensch allein sei
mit anderen.

Schiller? Nie fertig ist das Alter mit dem Wort.

Wer sich nichts vorsagen lässt,
muss sich vieles nachsagen lassen.

Wer nicht arbeiten will,
soll sich wenigstens tödlich langweilen.

Meine Ziele liegen weit vor euren Startlöchern.

Nun hat die Arbeitsteilung die ganze Arbeit.

Friedfertigkeit : Christliche Schlagfertigkeit.

Wer geopfert wird, kann nicht mehr genug opfern.

Das Volk entscheidet über Zusammensetzungen
statt Auseinandersetzungen des Parlaments.

Dieses Buch stimmt : Jeder Satz verstimmt.

Es gibt zu denken, dass man lieber Denkzettel
verpasst als nachdenkt.

Greise werden weise.
Aber das gibt sich mit der Zeit.

Weise wirkt, wer allen etwas weismachen kann.

Mancher Redner verschweigt nichts
als sein Schweigen.

Man redet viel von Gottes Schweigen
und verschweigt Seine vielen Reden.

Gegenwart:
Scheideweg zwischen Nostalgia und Utopia.

Realität ist nicht unsere einzige Fehlkonstruktion.

Entweder kommt man am Ziel an oder bei anderen.

Nach außen verlieren innere Werte.

Ich teile nicht deine Ansicht, dass du meine teilst.

Hoffnungen und Sorgen werden in Fabriken gemacht.

Als erstes bestimmt die Freiheit selbst, was sie ist.

Bewusstlosigkeitsanfälle erweitern das Bewusstsein.

Ich will gebraucht werden von einem,
der mich aber nicht gebrauchen soll.

Wenn Gefühllose nur hohe Gedanken
und Gedankenlose tiefe Gefühle hätten!

Meldete Selbsterfinder Sartre sich als Patent an?

Dein Verein schützt dich vor Gegnern,
indem er dich seinen Mitgliedern ausliefert.

Vom ewigen Leben kennt man letztlich nur den Tod

Ich will nicht ich selbst sein,
sondern etwas Besseres.

Wer sich festlegte, sollte loslegen.

Die ganze Welt schützt vor Umwelt
und Umweltvorschützern.

Zur Selbsterkenntnis
ist das Selbstbewusstsein unterqualifiziert.

Bessert den Dieb! Das gibt einen besseren Dieb.

Ich verdiene kein Geld, sondern mehr.

Auf dem Mars ist nicht mehr Leben zu finden als hier

Warum lässt Gott das alles zu?
Weil er toleranter ist als du.

Gibt es noch genug Bäume, um nach dem großen Knall
wieder alle drauf zu leben?

Wer die Wahrheit eine Wahrheit nennt, lügt schon.

Auch der Weltuntergang will nur die Weltherrschaft.

Die Logik ist voller Widerspruch –
zu allem, was sich widerspricht.

Emanzipation ist der erfolgreiche Versuch,
vom Familienband ans Fließband zu kommen.

Gab es keine Albertine Einstein,
weil es keine Josefine Stalin gab?

Wer nicht Geist hat, wird nie geisteskrank, hofft man.

Könnten alle so leben wie du,
würde niemand mehr leben.

Was mir in die Sinne kommt,
käme mir nie in den Sinn.

Experten kennen die Fakten. Lügner auch.

Ich liebe mich. Aber nicht Leute wie mich.

Spricht mein Aphorismus, komme ich nicht zu Wort.

„Aber wo bleibt das Positive?" –
Nur im Bestimmen dessen, was negativ ist.

Die Welt wird besser und bunter – früher ideell,
nun nur virtuell.

Oft muss man nur alles richtig machen, um zu
scheitern, und zum Erfolg die richtigen Fehler machen.

Geist ist der Blick, den man auf (s)einen Blick wirft.

Wissen mag Macht sein,
doch Machthunger nicht Wissensdurst.

Hat der Christ Talent,
den Nächsten talentierter zu finden?

Mauern sind die Brücken der Liebe, sagt sie.

Man lebt, um Sprichwörtern Recht zu geben.

Vor 10.000 Jahren schimpften Nomaden und
Ackerbauern einander Umweltverbrecher.

Wie kann ich vom Affen abstammen
und einem Esel ähnlicher sehen?

Am allerrätselhaftesten wäre wohl
die mathematische Lösung der Welträtsel.

Eine neue Theorie ist ein Aufstand gegen gängige
Praxis, die der Sklave einer alten Theorie ist.

Wer die Götter zu erfinden glaubte,
fand sich verehrungswürdiger als sie.

Dich hätte ich gern, denn ich habe dich gern.

Aphorismus:
Ein Satz übers Leben will es überleben.

Luftschlösser brauchen auch mal Luftschlosser.

Nullen und Einsen erlauben ja nur Milchmädchen-
rechner.

Nur zuhause habe ich Heimweh.

Der Mensch denkt, der Unmensch lenkt.

Ein ausgeglichener Mensch hat so viel Lebensangst
wie Todesangst.

Wer ungestraft ein Teufel sein will,
findet mehr Argumente gegen Gottes Existenz.

Kein tiefer Gedanke trägt sich mit mir.

Altersweisheit heißt jetzt Demenz.

Marx? Kopfstand macht noch keinen Idealisten.

Wir alle sind Spleendividualisten,
die sich nicht zusammenmarotten.

Mit richtigen Pflichten kann man Rechtsstaat machen.

Wer die Hand aufhalten will,
darf nicht den Fortschritt aufhalten.

Das gute Gedächtnis ist der Innenarchitekt
besserer Lügengebäude.

Für Aphoristiker spricht nichts gegen Widersprüche.

Kapriolen und Purzelbäume der Erkenntnis

Freud 2000: Der Moraltrieb wird heute verdrängt
von Sexual- und Kapitalpflichten.

Die Liebe eines Menschen zu erringen,
ist kein stolzes Verdienst, sondern Geruchschemie.

Kunst : Form als Hülle des Stoffs.
Mode : Stoff als Hülle der Form.

Der Herr (an)erkennt nicht, dass er ein Ausbeuter ist,
der Knecht aber, dass er ein Ausgebeuteter ist.

Im Kommunisten bekämpfte man den Arbeiter
und im Arbeiter den Maschinenstürmer.

Die ganze Nachricht ist nicht mehr
als die Summe ihrer Mitteilungen.

Das ganze Kapital ist mehr
als die Summe seiner Verteilungen.

Eigene Erfahrungen wollen sich das Denken sparen.

Das Unendliche ist auch eine Grenze zu dir.

Gäbe es keine Tiere mehr,
wäre die Welt bestialischer.

Menschlich bist du, human sollst du sein,
Humor hast du, und Humus wirst du.

Auch die Heiterkeit der Kunst
will nicht zu ernst genommen sein.

Der Geist weicht nicht mehr ab,
sondern auf und aus.

Gegen die Kirche spricht nicht länger Dogma, Härte
oder Strafpredigt, sondern eher Petri
Selbstverleugnung.

Der Mensch beherrscht als Sklave Gottes die Welt
und dient als Satans Dom- und Kammerherr.

Glück verkleidet sich als Pech, um zu überleben;
Pech verkleidet sich als Glück, um zu prahlen.

Besitz ist Sehnsucht nach dem, was man hat;
Hoffnung ist Besitz dessen, was man nicht hat.

Ordnet kein Gott die Welt auf uns hin,
muss man es selber tun.

Kurzwellensendung

Frei ist, wer zum Schicksal noch Stellung nimmt.

Man findet nur Lügen und erfindet dann Wahres.

Mit der Hoffnung auf den Himmel
ist die Höllenangst leider auch verschwunden.

Einst war die Seele die Form des Leibes und
der Rohstoff des Geistes. Heute ist sie Psychologin.

Arbeiter stehen vor Marxisten
oft elender als vor Bürgern.

Die *Popkultur* ist gar nicht vom Volk geschaffen,
sondern für die Unterschicht produziert,
um sie unten zu halten.

Wer zu viel Seele in der Natur entdeckt,
behält davon zu wenig übrig in sich selbst.

Kunst geht zu weit, soweit, wie die Justiz erlaubt.

Du kommst erleichtert aus Jahrtausenden
und gehst ängstlich in Jahrzehnte.

Priameln und verblasene Ungefährheiten

Aufrechter Gang wurde Fortschritt, gerade noch
aufgefangener Sturz (nicht Flucht) nach vorn.

Descartes? Ich denke, also bin ich des Teufels.

Wenn die Herkunft keine Hauptrolle mehr spielt,
dann auch nicht das Naturtalent.

Der Ewige schuf die Welt, ohne ihre Ursache
zu sein, die *vor* dem Urknall läge.

Erst Nomaden gegen Sesshafte, dann Arbeiter gegen
Bürger, nun Einheimische gegen Ausländer.

Wer nicht seiner Schwächen Herr wird,
wird Sklave seiner eigenen Macht.

Es gab immer zu viele Bücher,
d.h. zu wenige gute.

In meinem Buch ist das Leben wichtiger
als in deinem Leben das Buch.

Tiefenkommunikation : „Was habt ihr?" –
„Nichts." – „Was ist denn?" – „Was soll sein?"

Erhabenes bedrückt, Tiefsinn erhebt, Weite engt ein,
Länge langweilt, und Flaches treibt ab.

Der Tod ist das Ende von etwas, das selten anfing

Das Ziel liegt in der Erkenntnis, es nie verlassen zu
haben. Wege führen überall hin, außer ins Ziel.
Ziele gibt es genug, doch nur Wege davon weg.

Wer ist sein ganzes Leben lang lebendig?

Wer Weltkriege gewinnt, lernt keine Fremdsprachen.

Für Georg Simmel. Form kämpft gegen Form,
nicht Leben gegen Formen.

Die meisten sind zu schlecht für ein gutes und zu gut
für ein schlechtes Beispiel, also unbrauchbar.

Gute Übersetzungen machen das Original besser.

Auch die Philosophen kommen aus dem Staunen
irgendwann heil heraus und ins Grübeln.

Seine Mutter hätte ihren Stalin abtreiben sollen,
aber dann nie erfahren, weshalb.

Philosophie steht zum Denken wie Ehe zum Sex.

Ein Standpunkt ist der Horizont.

Mein Elternhaus gehörte fremden Vermietern.

Was du links liegen lässt, kehrt rechts zurück.

Wir können erst seit Jahrmillionen über ein jahrmilliardenaltes All nachdenken. Das braucht Zeit.

Schuf die Evolution den Menschen,
um sich zu beenden oder zu beschleunigen?

Aphoristiker üben erst mit Essays.

Es spricht nicht gegen Demokratien, dass sie oft
mehr Schönes als Schlimmes überstimmen.

Ersetzt Musik oder Mathematik die eine Weltsprache
vor dem Turmbau von Babel? Das eine macht zu viele
dumm, das andere zu wenige klug.

Nur noch Roboter der nächsten Generation
könnten Computer wieder aus der Welt schaffen.

Ewiger Friede auf Erden herrscht
erst nach dem nächsten Weltkrieg.

Farblosigkeit zu bekennen fällt schwerer.

„*Lumpenproletarier*", die Marx aus seiner Leibklasse
feuerte, lud Jesus in sein Himmelreich,
aus dem Mutter Kirche sie wieder vertrieb.

Es herrscht keine Freiheit,
sondern Herren sind zu frei.

Der Herr kann sich kurzfassen, weil Kommandos kurz
sind; der Knecht muss sich kurzfassen, weil er nichts
zu sagen hat und nicht langweilen soll.

Es kommt immer anders, als man denkt,
doch immer dasselbe, wenn man nicht denkt.

Das Weltall schützt vor der Umwelt
und allen Umwelt(vor)schützen.

Und wenn du denkst, es geht ja noch,
dann fällst du in das nächste Loch.

Aphorismen weisen schlagende Beweise ab.
(Gut begründen lässt sich schließlich fast alles.)

Subtexte ohne Kontexte
„Tu´s Maul auf, hör´ bald auf!"

Geteilte Meinung ist halbe Deinung.

In der Welt passiert nur Schlimmes – die Zensur.

Mystischer Größenwahn sagt: Ist alles eins, genügt es, eines zu berühren, um alles zu bewegen.

Ein Ideal wird nur noch an der Realität gemessen und zu leicht befunden.

Kant konnte die Welt ganz neu sehen,
weil er sie nie bereist hat.

Einst galt die Erde als Scheibe. Heute sind Weltbilder noch flacher.

„Wer schreibt, der bleibt."
Dieser Quatsch wenigstens bleibt.

Beginne mit Erkennen dort, wo Gott mit Erschaffen aufhörte, und ende erst da, wo Er anfing.

Wer sich nicht bücken will, muss buckeln.

Verstaubtes Gold oder vergoldeter Staub?

Revolutionstheorie § 1 : BWL ist nicht VWL.

Ein Mensch ist so frei wie sein Fall und sein Vogel.

Das Alter sagt und schreibt ins Reine den Satz,
den es nicht mehr ins Freie tun kann.

Isst du nur, um gutgenährt aufgefressen zu werden?

Einsamkeit ist nie halbe Zweisamkeit, Gemeinsamkeit
aber schon mehrfache Einsamkeit.

Die *Menschenrechte* sind eben solche Utopien wie die
klassenlose Gesellschaft oder das Goldene Zeitalter.

Erinnere dich nicht so häufig, sonst erfindest du deine
Vergangenheit zu oft neu.

Die Position des Aphorismus bleibt die Negation,
und das Leben überlässt er den Fachleuten.

Popmusik, PKW und Fußball – unheilige Dreieinigkeit, die keine Blasphemie duldet. Nur noch deren
Verbote führen im Westen zu Sozialrevolutionen.

Systematisiertes Ich, individualisiertes System

TV : Beschauliches Leben ohne *vita contemplativa*.

Geisteswissenschaften wissen Geistreiches gründlich unter den Teppich zu zerreden.

Warum ruft kein Volk, das aufsteigen will:
„Nieder mit dem Pop, es lebe die Hochkultur!"

Kant kämpfte nicht für die Freiheit, sich von seinen Trieben treiben zu lassen.

Nur der Idealist hat die nötige Distanz zur Realität, um objektiv zu sein.

Religion ist die Kunst, Gottes kostenlose Kunststücke zu bejubeln, ohne die eigenen zu verdammen.

Jeder muss dumm bleiben, sonst wird er noch dümmer

Der Realist sieht nicht die nackte Wahrheit, sondern nur die ausgeweidete.

Die Welt ist zu groß für den Kopf und zu klein für die Hand.

Wer nur im Kreis läuft, eckt sogar unendlich oft an.

Bücher schaffen kultivierte Barbarei.

Das Alter raubt mehr Fähigkeiten,
als jede Schule uns verschafft.

Werden Menschen unsterblich, stirbt ihr Schöpfer.

Wichtigtuer sind wichtig, für unsere Belustigung.

Mein aufrechter Gang ist eine Kette von Bücklingen.

Sterben lernt man nicht, wo man Leben verlernt.

Das Licht der Vernunft verfinstert alle Mienen.

Schneller wollen und können dir die Bösen helfen.

Als Ausbeuter gilt bereits,
wer sich nicht ausbeuten lässt.

Aphorismen sind Regeln, denen die Ausnahmen von
den Regeln folgen.

Kurz und gut oder lang und breit?

Medien tun mehr gegen Bildung als Bücher dafür.

Gott ist tot? Erst mundtot gemacht, dann totgesagt, dann totgeschlagen, dann totgeschwiegen – und dann dein Totengräber.

Computer wollen das Klima in drei Jahrzehnten wissen und können nicht mal das Wetter in drei Tagen prophezeien.

Erst nimmt dir die Macht, dann der Tod alle Entscheidungen ab, die über die Wahl zwischen Waren hinausgehen.

Nur der erste Edelmann kann es sich leisten, wie der letzte Landmann aufzutreten. Die Etikette ist für alle dazwischen.

Man leidet unter Besseren wie unter Böseren.

Sucht man Gemeinschaft, um ungestraft gemein zu sein, und die Einsamkeit, um unwidersprochen gut zu sein?

Meta(ll)physik : Nur Gold kann zeitweise von Eisen weglocken.

Nichts ist so groß, das sich nicht in einen Aphorismus
zusammenfassen, und nichts so klein, das sich nicht
zu einer Bibliothek auswalzen lässt.

Recht ist nicht Rache, aber ihr gutes Gewissen.

Schlechtes Gewissen ist Angst vor schlechtem Ruf
bei Gott oder der Welt.

Man liebt und hasst jetzt ganz gerecht –
ohne Ansehen der Person.

Die Arbeiterin *emanzipiert* sich von Familienbanden
für das Fließband.

Wer noch zum Arzt gehen kann,
ist dafür noch nicht krank genug.

Ein Problem ist dein größtes, außer du löst es.
Es gibt nichts Bestes, außer man lässt es, und
es gibt nichts Schlimmstes, außer du nimmst es.

Weltereignisse wurden Kleinkram,
Haarrisse sind die Apokalypsen.

Wer nicht viel denkt, lebt weniger als einer,
der nichts als denkt.

Goethes „Faust" zu schreiben, war gar keine Kunst:
Bei *dem* Talent!

Ein Volk der Dichter *und* Denker wäre ein Volk von Aphoristikern.

Immer spielt man einen Menschen,
der den Menschen nicht nur spielt.

Heimat? Deutsche sehnen sich dauernd dorthin,
wo sie sowieso schon lebenslänglich sitzen.

Man denkt mit Ellbogen und handelt mit Köpfen.

Man soll mehr als zwei Herren dienen und sie gegeneinander ausspielen.

Beamte sind der Adel der Demokratie und bummeln sich an ihr 1789.

Die schönste Rose hat schmutzige Wurzeln,
das niederste Geschöpf den höchsten Schöpfer.

Nur ein Mensch kann Affe, Schwein, Kamel, Esel, Wolf und Schaf werden

Macht hat, wem keiner sagt, was er kann.

Der Geist sieht, warum und wozu das Auge etwas
(nicht) sehen kann.

Autoren schreiben zu viel, ihre Leser zu wenig.

Arme, die Reiche mimen, wetteifern mit Reichen,
die Bettler spielen.

Feigheit hüllt sich in Menschenwürde
und Buchumschläge.

Frei fühlt sich, wer nicht weiß,
was er morgen tun wird.

Wer zu sich kommt, kommt noch nicht zu Bewusstsein, wer zur Vernunft kommt, noch nicht zur Sache.

Demokratie : Selbstbeherrschung des Volkes.

Arbeit vertreibt die Langeweile
zwischen Wunsch und Nichterfüllung.

Wahr und Falsch sind keine Ideologien
des Allmächtigen.

Bürger haben von Poesie nichts als ein unklares Bild
von Unklarheit.

Macht macht sich gerecht als Gegengewalt.

Gott heißt, wonach auch Vollkommenes sich sehnt.

Wissenschaftler befreien uns
von der gefürchteten Willensfreiheit.

Märchen erzählen Kinder von ihrer Zukunft,
Greise von ihrer Kindheit.

Der Bürger war immer geschmeichelt, dass ein verhinderter Lustmörder in ihm stecken soll.

Die Kirchen selbst haben die Sünde abgeschafft,
um die Lüste zu beenden.

Das größte Wunder liegt vielleicht darin,
dass keine geschehen (müssen).

Gegen viele Krankheiten hat der Arzt nichts.

Leben : Entweder du bekommst etwas nicht,
oder es bekommt dir nicht.

Anliegen? Geldleute legen gern in Kunst an,
die auf sie anlegt.

Nur Dummheit bekämpft Dummheit.

Der Künstler kränkt uns, sein Biograph rächt uns.

Sei stolz, dass deine harmlose Post überwachungswürdig wirkt.

Nur Unmündige machen noch den Mund auf.

Weltbild : Je mehr wir auf Bildern sind,
desto weniger im Bilde.

Homo erectus sapiens zeichnet sich durch aufrechten Wolfgang aus.

Gesellschaftlicher Erfolg glänzt
durch Geistesabwesenheit.

Aufklärung wird immer obskurer,
Esoterik immer wissenschaftlicher.

Man treibt Unzucht, um nichts als den Verstand
zu verlieren, und Mathematik, um alles außer dem
Verstand zu verlieren.

Befrei dich von dem, der dich schon frei nennt.

Naturwissenschaft unterjocht die große Natur,
Geisteswissenschaft den großen Geist.

Wer dumm ist, bestimmen die,
die sich nicht dafür halten.

Hirnforscher haben nur noch Gehirn im Kopf.

Die Welt besteht so wenig aus Atomen
wie eine Tasse aus Scherben.

Alte werden wie Kinder: Sie lernen fürs ewige Leben.

Dein Egoismus dient der Gesellschaft
wie deine Selbstlosigkeit dir selbst.

Kafkaesk wird es, wenn man Kafkas Probleme hat
ohne Kafkas Talent.

Tourist? *Man* reist anders, als *man* reist.

Herren haben sich noch nie totgelacht.
Knechte hatten immer zu wenig Witz.

Liberté, égalité, fraternité :
Entfesselung, Gleichschaltung, Ermordung.

Dummheit besteht darin, sie zu bekämpfen.

Gegengeschenke ersparen die Dankbarkeit.

Autonomie ohne Automobil und Automaten
ist bloß noch Autismus.

Die Welt könnte es gar nicht geben,
wäre sie so, wie wir denken.

Das Kind der Erfahrung und Prinzipien wird mit dem
Bad der Traditionen und Konventionen ausgeschüttet.

Wer Schreibtischarbeit leisten darf, sollte weniger
verdienen, als wer Knochenarbeit leisten muss.

Kunst ist gut, *obwohl* man sie rühmt, und ist Kitsch,
obwohl man sie rügt.

Zeit ist der Wettkampf mit dem Menschen,
wer wen totschlägt.

Leben heute : Büffeln, schuften, poppen, shoppen,
sabbeln, abnippeln.

Die Utopie liegt darin, materiell so genügsam
wie geistig zu werden.

Bist du noch aktiv, oder denkst du schon nach?

Was mehr ist als Geld, wird ohne Geld nichts.

Wer nach allem greift, begreift nichts;
wer alles erfasst, fasst nichts an.

Mucker mucken nie auf.

Sind Logiker Naturwissenschaftler des Geistes
oder Geisteswissenschaftler der Natur?

Als frei gilt nun der Sklave seiner Triebe, als unfrei,
wer seinem Gewissen folgt und sich beherrscht.

Akzeptier dich so, wie du bist : inakzeptabel.

Wer jeden Augenblick tiefer erlebt, lebt am längsten.

Ein Argument überzeugt,
wo es durch Überwältigung unterwirft.

Den inneren Schweinehund
überwindet nur ein äußerer.

Verzicht? Man opfert nie, wovon man sich nur befreit.

Ein Kunstwerk, das zweckmäßiges Werkzeug wird,
ist mittelmäßiges Zeug

Wer kein Schlachtvieh werden kann,
muss sich melken lassen.

Nach Freud kann das Innere mehr trügen
als das Äußere.

Wer zu weit geht, kommt nie an;
wer ankommt, geht nicht weit genug.

Wer alles kapiert hat, kann endlich nach allem fragen.

Dicke Bücher werden geschrieben für alle,
die keine Bonmots kapieren.

Man ist zu schwach, Schwächen abzulegen,
da sie an den Stärken kleben.

Ist der Künstler zu faul,
sucht er Eingebungen und Musen.

Aphoristiker sind kurzatmig,
den längsten Atem haben Aphorismenbände.

Um dich dirigieren zu können, dien ich dir gratis.

Technik ist eher gefährlich
durch angenehm Nützliches als durch AKW.

Deine freie Wahl trifft dich aus heiterem Himmel
ins Herz.

Liebe die Ab- und Ansichten deiner Feinde
wie deine eigenen!

Freiheit ist Beherrschtsein von fixen Lieblingsideen.

Das All ist so reich, dass es sich immer neu vor uns
verkleiden kann und nicht seine Blöße zeigen muss.

Zu hohe Ideale üben keinen Zwang aus,
zu niedrige keine Anziehung.

Ich muss Leute lieben,
deren Hass ich mir nicht leisten kann.

Man sollte sein gutes Gewissen bereuen
und sein schlechtes entschuldigen.

Marx 2000: Der Bürger hat nichts mehr zu verlieren
als seine Ladenketten.

Wir halten zusammen – aber was?

Liebesgebot: Du kannst dich selbst mal gern haben
wie deinen Nachbarn.

Dinge schweigen, als könnten sie reden.
Leute verstummen, als hätten sie nichts zu sagen.

Der Schaden, den Philosophie anrichtet, ist nützlicher
als der Nutzen, den Technologie bringt.

Was Gott mal auseinandergesetzt hat,
sollen Menschen nicht unausgesetzt zusammensetzen.

Der Herr toleriert den Knecht – als Knecht.

Üblen Leuten wird nie übel, und keinem schwindelt,
der schwindelt.

Wer nichts nur politisch verändert,
verändert sich nun genetisch.

Demokratie *erklärt* die Menschenrechte
auf soziale Ungerechtigkeit.

Das Digitale ist nicht böse, das Böse digitalisiert sich.

Die Wahrheit ist zu sagen nur unter Folter,
nie über Folterer.

Wann werden H-Bomben nur Zünder zur Kernfusion
schwererer Elemente wie in Supernovae?

Wer materiell so anspruchslos wäre wie intellektuell,
hätte nicht mehr Güter als Güte.

Will alles im Gedankenbau gleichzeitig stürzen,
muss es einander stützen.

Am meisten kannst du dem stehlen,
den du ein bisschen bei dir stehlen lässt.

Kommt er in seiner Wohnung nicht zurecht,
fliegt der Mensch zum Mond.

Reiß mir die Maske des Entlarvers herunter,
und du entlarvst den Maskierer.

Ist die Wahrscheinlichkeitstheorie mehr als wahr-
scheinlich wahr?

Befried(ig)ung. Krieg ist Frieden mit Krieg oder Krieg
gegen Frieden; Frieden ist Krieg gegen Krieg,
und Frieden mit Frieden ist Tod.

Schach dem Schach. Es zeugt nicht von Intelligenz,
sie an Spiele zu verschwenden.

Stöbern in Schneegestöbern

Normalität wird von ihren eigenen Normen widerlegt.

Genügsamkeit hat vom Kapital genug. Nur Bedürfnislosigkeit hat nach Kapitalismus keinen Bedarf.

Solange dich nicht genug Wünsche quälen, die kein Kapital erfüllen kann, beherrscht es deine Arbeit dafür

Naturforscher glauben, durch technische Anwendung ihrer Entdeckungen schon praktisch zu handeln.

„Satire darf alles." – Ihr Opfer nicht oder nichts?

Habermas kompakt : Unbestreitbar darf es nichts Unbestreitbares mehr geben.

Man denkt nach – anderen.

Der Ewige wurde oft gedeutet und geändert, um sich nicht von ihm ändern und interpretieren zu lassen.

Herrscht eher organisiertes Chaos
oder anarchistische Sphärenharmonie?

Zahn der Zeit : Gewissheitsbiss mit Gewissensgebiss.

Neue Kunst zeigt nicht Unendliches im Endlichen,
sondern Enthemmung im Beschränkten.

Kultur verhält sich zu Zivilisation
wie Buch zu Buchung.

Sind alle dagegen, ist etwas dran;
sind alle dafür, ist etwas faul dran.

Keine Zeit hat die Jugend, sich kürzer zu fassen,
und das Alter, Romane zu schreiben.

Die meisten bleiben körperlich fit und gesund
für ihre Geisteskrankheiten.

Gegen Sex ist die Liebe verklemmt, auch physisch
voll Metaphysik.

Dass ich nicht käuflich bin, ist teuer erkauft.

Reiß den großen Zusammenhang
aus jedem unabhängigen Individuum!

Man hofft immer, auf bloße Hoffnung
verzichten zu können.

Beerdigung 2000 : Sternenstaub zu Sternenstaub!

„Das Lapidare – das einzig Wahre." *(Rolf Hochhuth)*
„Nichts protziger als der lapidare Stil" *(B. Strauß)*

Wahrheit ist ein Tyrann ohne Truppen,
Wirklichkeit ein Heer ohne Führer.

Gott sitzt so wenig im Himmel wie Satan im Atom.

Anführer führen an der Nase herum,
die ihnen gedreht wird.

Welchem Kopf entstammt die Idee von einer Idee,
die keinem entstammt?

Tiefes Denken ist uns zu hoch,
Oberflächlichkeit zu niedrig.

Freiheiten, die gelassen werden,
berauben der Freiheit, die genommen wird.

Dunkel ist Licht, das kein Ding trifft.

Religion heißt, dass das große Ganze ganz klein
und das All nicht alles ist.

Wie kommt man endlich vom Endlosen
zum Unendlichen?

Roter Ariadnefaden sucht sein Labyrinth

Auch Selbstzucht kann Selbstsucht sein.

Die Welt enthält deinen Kopf, der sie enthält;
mein Kopf enthält eine Welt, die ihn nicht enthält.

Moral 2000 : Sei unzufrieden mit deiner Zufriedenheit, doch nie zufrieden mit dieser Unzufriedenheit.

Fernseher : Kultureller Sozialhilfeempfänger.

Nur tiefe Depressionen beweisen,
dass du hohe Ideale hattest und festhältst.

Muße, die nicht anstrengt, ödet an, und Arbeit,
die anödet, überanstrengt.

Wer immer der Dumme ist, wurde klug verdummt.

Bilder bilden nicht, und Bildung macht frei
von Weltbildern.

Theorie : höchste Form der Praxis;
Handeln : niedrigste Form des Denkens.

Kann ich mir den Kopf zerbrechen
über meine Dummheit?

Man hat das Glück, dass man sein Glück
nicht machen kann und muss.

Philosophie : spekulative Gedankenaustauschbörse.

Freiheit : Wahlmöglichkeit
zwischen beliebigen Sklavereiformen.

Theorie verhält sich nun zu Praxis
wie Querköpfe zu Quertreibern.

Muße macht Mühe, die Freude macht;
Freizeit macht Spaß, der (bl)öde macht.

Alles kann sich heute nur noch legitimieren
durch Legitimationsbedürftiges.

Reisen verändern die Welt,
bis sie sich nicht mehr lohnen.

Traumdunkle Jugend will Aufklärung,
desillusioniertes Alter Geheimnis.

Wer nicht lebt, kommt besser durchs Leben.

Systematisch Fragmentieren oder aphoristische Systeme?

Wer kein Fachidiot ist, ist oft einfach ein Idiot.

Liebe heißt : Ich mach und mag dich leiden.

Eine Welt, die jeder sich selbst herstellt,
kann ihn nicht mehr widerlegen.

Deutsches Leben: Vom Nichtdichter zum Nichtdenker

Denken beginnt, wo $1 = 1$
miss- und unverständlich wird.

Selbstlos helfen hieß mal selbstbestimmt leben.

Die Bibel verhält sich zur Menschenrechtserklärung
wie ein guter Tipp zur Utopie.

Mein Wort will keine Leser verletzen,
sondern nur ihr dickes Fell zeigen.

+ + +

Weiterführendes vom Autor

„Martin Heidegger –
Versuch einer Psychoanalyse seines *Seyns*", 1993

„Die Irren sind auch nicht mehr die einzig Normalen"
(Erzählungen), 1997

„Auch der Eskimo klebt an seiner Eisscholle"
(Geschichten und Virtuosenstücke), 1998

„Am schnellsten vermehrt sich die Unfruchtbarkeit –
Essays zur Multi-Kulturlosigkeit"
(Rückblick auf das 21. Jahrhundert), 1998

„Dein Leben hat Sinn – für deine Ausbeuter",
Ein aphoristisches Gesellschaftssystem, 2016

„Objektivität durch Subjektivität oder umgekehrt? –
*Phänomenologischer Entwurf
einer dekonstruierten Erkenntnistheorie",* 1999

„Nur in der Fremde fühle ich Fernweh"
(Idyllischer Roman), 2000

„Künste und Wissenschaften als verlorene Paradiese –
Essays zur Bedeutung der Kultur-Idyllen", 2000

„Der Mensch ist, was er verg-isst /
Kosmostheorie oder Gemeinschaftspraxis", 2007

„Philosophische Formelsammlung :
*Ambivalente Gedankenexperimente du nachsokratische
Fragmente",* Verlag Königshausen & Neumann, 2012

„Gedankenlesen : Hirnforschung ohne Computertomographen – *Philosophie zwischen Wissenschaft, Kunst und Religion",* DWV Deutscher Wissenschafts-Verlag, 2013

„Die Liebhaber der Sophie –
Philosophiegeschichte in Philosophengeschichten", 2013

„Aphorismen zur Zeitaltersweisheit –
Kopfverdreher, Kopfzerbrecher", 2014

„Ist *Philosophical Correctness* eine Kommunikationswissenschaft? – *Versuche über moderne Versuchungen*", 2015

„Die längste Leine trägt die Freiheit :
Faule Zaubersprüche", 2015

„Quanten, Quarks und Strings im Kopf –
Eintausend neue Aphorismen", 2015

„Die meisten Aufrechten sind unter Gefallenen /
Dumme Sprüche, alte Spiele", 2015

„An sein Innerstes erinnert sich keiner –
Nicht ganz dichte Gedichte", 2015

„Zur Tiefenpsychologie der Philosophiegeschichte : *Kurze Geschichte der unbewussten Weltanschauungen*", 2015

„Mann und Frau befreien sich – voneinander /
Geschlechterkrieg oder Klassenkampf?", 2015

„Zur Dialektik und Phänomenologie
der Natur- und Kultur-Idyllen", 2015

„Wer gut abschneidet, kastriert –
Zurück zur frühromantischen Magie?", 2015

„Nächtliche Streichhölzer –
Aphorismen zur Lebensgewohnheit", (Satiren), 2016

„Esprit und Geisteswissenschaften – *Wechselwirkungen
zwischen Kunst, Philosophie und Psychologie*", 2016

„Wenn die Seele auf den Geist geht –
Bauchgedanken und Kopfgefühle", 2016

„Fürchte den, der dich fürchtet – Hundert Jahre DADA",
Zwergrätsel zu Spottpreisungen, 2016

„Mit einem Satz ins Freie – *Reflexionen, Urteile
und Sentenzen*", 2. überarbeitete Auflage, 2016

„Kurz und klein – klein, aber fein", *Aphorismen,* 2016

„Gewinner heißen Spielverderber / *Aphorismen*", 2016

„Sei zu klein, um zu herrschen, und zu groß, um beherrscht
zu werden – *Dogmatische Aphorismen*", 2016